凱莉・麥高尼格 Kelly McGonigal —— 著
高宜汝 —————————— 譯

史丹佛大學心理學講義
人生順利的簡單法則

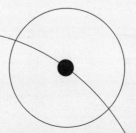

目錄 Contents

第2章 如何構築無往不利的人際關係？

要獲得幸福與精神健康，和「自己做什麼」無關。
「工作夥伴們怎麼看你」才是關鍵。

第4章

如何處理負能量？

一味逃避「負能量」，只會招來更多麻煩！
丟掉「不在意」的心態，正視「爲何會在意？」的自我感受。 139

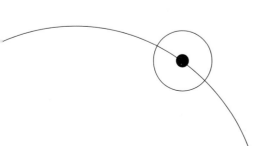

〈推薦序〉

一盅暖心又醒腦的心理學雞湯

—

鄭國威

—

你認為此時此刻，人類在世界上面對的最大挑戰是什麼呢？每當我在演講時拋出這個問題，得到的答案不是「全球暖化」「資源耗竭」等環境派，就是「資本主義」「階級差異」等社會派。要是幾年前我自己來回答這個問題，答案應該也不脫這兩派，但現在的我卻覺得，「心理陷阱」與「大腦機制」才是人類真正該面對的那隻房間裡的大象。

講得直接點：之所以人類現在會面對許許多多不管是環境派還是社會派的重大問題，都不是天神或魔鬼帶給我們的，而是人類搞出來的。我們自己做了許多不妥當的選擇，然後一步步走到這個位置。既然如此，要解決這些問題，就要看我們能不能改善後續抉擇的品質了，不然再好的選項，都可能被我們忽視，甚至刻意避開。再壞的選項，我們都可能會挑，嗯，例如川普。

要改善抉擇的品質，就得先了解我們先天的大腦機制與後天文化環境互動後形成的心理機制。沒錯，我認為比起新能源、新技術、新社會運動等等對外部資源跟系統的追求或改善，回過頭來，透過「心理學」看清一個關鍵事實——人類的適應能力，其實沒能夠跟著科技與外部環境的劇烈變化一起變——才是讓我們得以面對加速時代連番挑戰的第一步。這也是為什麼我樂意推薦這本書。

表面上看來，本書雖然跟眞正的心理學專書比起來，談不上厚實，但就像是一盅用心理學研究精華熬出來的好雞湯，讓人喝了暖心也醒腦。我認為這本書雖是一本給大學生及初入職場者的教戰守則，但同時也是對應當今世界上最重大危機——充滿焦慮感、不信任感——的解藥。每一章節討論的問題都專為現代人的焦慮感貼身打造，從旁協助我們突破文明與人性的種種衝突。例如，如何跟職場同儕打好關係、為何言行一致很重要、幹勁的提升方式、充滿負能量厭世感不行嗎、怎樣看待跟處理壓力等等。

上述這些問題看似個人，許多人甚至可能對這類主題嗤之以鼻，認為這是心理不夠「強健」的人才有的問題，但其實正是因為許多人還抱持著這種輕蔑的心態，才忽視了過去十年來精神疾病患者激增、焦慮與憂鬱的癥狀普遍出現在年輕人身上、影響無數家庭等現象。當人類以前所未有的速度向都市集中、創造新的訊息、用超快的新傳播科技連結新的個人與組織，過去看似單純的「個人焦慮」也都開始以巨量規模逆襲整個社會，這也明確反映在書市的熱門榜單上。

本書作者善於從自身案例出發，連結研究成果與現實世界，每一篇文章都是科普寫作的範本。雖然書中建議不見得能夠適用每一個人，但肯定能給每一位讀者值得借鏡的觀點。我還蠻希望可以看見大家應用本書建議後的反饋呢！

〈本文作者爲全台最大科學知識社群「PanSci泛科學」總編輯〉

〈代序〉

人生問題的簡單答案

—

泉惠理子

—

本書爲史丹佛大學心理學家凱莉·麥高尼格的最新作品，集結自二〇一四年六月起，共兩年時間陸續刊登在商業雜誌《日經Business Associe》裡的內容而成。

本書主題包含「時間管理法」「設定目標法」等商業技巧；以及「閒聊的功用」「道歉的方式」等溝通方法、與壓力共處的對策等，橫跨許多層面。

在書中，凱莉博士也將自身體驗化成個案研究結果，與各位讀者分享。不單單討論成功經驗，博士更希望藉由自己曾經將弱點轉化爲力量的「眞實故事」引起讀者共鳴，使本書提到的解決方案能毫無阻礙地進入讀者心中。

就好像凱莉博士在書中成爲每位讀者的個人導師，帶領、協助大家邁向目標終點。

書中也介紹許多最新心理學相關研究內容，以及行爲科學的觀點。舉凡「提不起幹勁」「沒有自信」「在意別人對自己的看法」，或者是「一直想改變卻什麼都改不了」「爲什麼只有自己這麼不順？」這些每個人都曾經有過的日常煩惱與不滿，都成爲書中收錄的主題，凱莉博士都會爲大家做解答。

提出的證據及論點不只來自凱莉博士授課的史丹佛大學，還有來自北卡羅來納州的「決策力研究中心」、哈佛大學倫理中心、德國不萊梅雅各布大學等世界知名研究機構的研究結果，例如第四課〈提升效率，從改變姿勢開始〉一文裡，提到跟凱莉博士一樣同爲美國知名心理學家的哈佛大學商學院副教授艾美．柯蒂的「高權力姿勢」研究。這本書裡寫的「解答」，都有世界數一數二的研究成果爲其背書。

本書將讀者的各種疑問跟煩惱分成二十五個主題，以研究結果爲基礎，從科學角度告訴大家「解決方法的提示」。

書中的說明不僅淺顯易懂，還介紹不少讀完書後能立刻實踐的具體思考法與行動方案，宛如一本「實用指導手冊」。每節課後亦有重點整理，統整凱莉博士的寫作內容。此外，本書出現不少諸如「心態」等心理學專有名詞，不過除此之外許多地方都以符合該內容的名詞，取代原有的專有名詞。

我在二〇一三年的某個晚秋，第一次見到凱莉博士。當時對她的第一印象是「聰明又美麗」，但是在與她聊過之後，發現她還是個開朗又熱心的人！我對凱莉博士透露自己曾經試圖連絡過艾美副教授，想跟她再深入請教有關「高權力姿勢」的研究，可惜並未如願取得連絡。聽到這件事的凱莉博士，對第一次見面的我說：「我曾跟艾美副教授交流過，不如由我來連繫她吧！」當場積極表示要協助我。

就像書裡多次提起的概念一樣，博士爲自己設定「幫助並鼓勵他人」「爲正在掙扎的人加油」的目標。我從她身上學到實踐這些目標的行爲，也實際感受到她心胸的寬大。

博士現在仍在寫作中，而且時常留心來自日本讀者的反應。除了由衷感謝她對我的用心之外，我也在此代表讀者，爲她總是站在讀者角度，一邊思考及煩惱寫作內容該怎麼表現，表示我的敬意。

〈本文作者爲知名商業雜誌《日經Business Associe》編輯長〉

〈引言〉

改變之路

—

凱莉・麥高尼格

—

身爲一位教育者及心理學者，讓我最有成就感的一刻，無非是能夠幫助他人在追逐目標的時候獻上一臂之力。

這本書，是獻給想改變自我的讀者們的一本操作指南。

本書內容以我在美國史丹佛大學的講義爲基礎，加上我自己的人生經驗交織而成。

書中將用二十五課，從心理學理論出發，介紹如何達成改變目標的具體步驟。

讀者不僅可從中得知如何獲得好的改變，且在改變的過程中，也能體會到一股從心底油然而生的充實與滿足。

不管各位的願望是什麼，在翻開此書的瞬間，你就已經踏上這條改變之路。

不管各位的理想是什麼，我敢說各位絕對有完成理想的才能。

此刻，你們已經踏在「成爲最好的自己」這條路上。

希望所有接觸過這本書的讀者，都能從此過個美好人生。

第 1 章

成功不是天注定

只要做好「理所當然」，
就能找到美好人生。

LESSON 1

成長心態與小鴨症候群

史丹佛大學爲了教導學生抱持「成長心態」，
時常會跟學生提起「史丹佛的小鴨症候群」。

美國矽谷被認爲是孕育創業家的重要搖籃，長久以來受到全球矚目。其中擔任培養人才重要角色的，即是位於矽谷中心的史丹佛大學。

究竟史丹佛大學的學生們成功的祕訣爲何？

答案就是他們**不厭惡失敗的心態**。

史丹佛大學所提倡「不害怕失敗」的想法，成爲矽谷創業文化的原動力——幾乎所有新創公司都會失敗。

包含史丹佛大學在內，「從經驗中學習」的觀念早已深植在舊金山灣區一帶。

爲了登上通往成功的階梯，「面對風險」「遠離舒適圈」和「樂觀地看待失敗」都是不可或缺的。

換個角度來看，史丹佛大學可說是在教

導學生**成長心態**這個概念。

成長心態與定型心態

最先提出「成長心態」理論的是史丹佛大學心理學家卡蘿．杜維克教授。

所謂「成長心態」，是指**要發揮個人潛力別無他法，只有親身挑戰**——眼前的難關正是自我成長的絕佳機會。即使失敗或目標沒有達成，都不是因爲自己的無能造成的。此時必須回想過程並深刻反省，朝成長之路邁進。

「成長心態」有許多優點及益處，不過實際上幾乎所有人都抱持著杜維克教授所提出的另一種觀念：**定型心態**。

「定型心態」，是指**深信自己的能力、智力與才能都是固定不變的一種心態**。

抱持「定型心態」的人，即使自己考試成績不佳，也會認爲原因出在自己沒天分。這種人只要一遭遇挫折，幾乎都會立刻放棄，改去尋找其它「能立即成功的事情」來做。他們將尋找自己專長，以及避開失敗和吃苦當成自己的人生目標。

杜維克教授的研究結果指出，抱持「成長心態」的人具有能忍受困難、找出工作意義，長期下來會比較容易成功的傾向。

意外的是，多數史丹佛學生在剛入學時都抱持「定型心態」，這是因爲他們在成長過程中總被稱讚「頭腦很好」「很有才能」或「你很特別」等。當人持續接收自己比他人優秀的稱讚時，會逐漸養成脆弱的玻璃心，喪失承擔風險的意志力。

這些人能就讀如史丹佛大學等一流大學，基本上都是因爲他們在學習過程中一路追求完美表現。可是，當他們成爲史丹佛大學學生後，這種心態並無助於引導出任何未來的可能性。進入史丹佛大學後，他們會獲得許多嘗試「自己能做些什麼」的機會。爲了這些即將到來的機會，他們必須具備在任何情況下都不厭惡失敗的心態才行。

史丹佛的小鴨症候群

史丹佛大學爲了教導學生抱持「成長心態」，時常會跟學生提起「史丹佛的小鴨症候群」。「小鴨症候群」並非恐怖的傳染病毒，它是在新生間蔓延的一種想法。其包含兩種症狀，只要兩種症狀同時出現，就會妨礙到成長心態的培養。

第一種症狀是**深信所謂成功，就是以最優秀成績畢業**；第二種症狀是**深信必須使別人認爲自己從不費力追求成功**。會取名爲「小鴨症候群」，是因爲這種狀態跟小鴨在游泳時的狀態很像。表面上看起來泳姿相當優雅，水面下卻是用腳拚命滑水，努力地不讓自己溺水並往前進。

學生們在進入史丹佛大學就讀後，絕大多數都會採取像小鴨一樣的行動。表面上看來冷靜沉著，非常有自信；實際上卻是爲了追上大家而拚命努力著。

多年前，史丹佛大學被某個主流網站評爲「全美學生壓力最大的大學」，很有可能就是「小鴨症候群」的存在造成的。

然而，「小鴨症候群」絕非只存在於史丹佛大學中，它普遍存在於美國其他頂尖大學的眾多學生之間。他們大多都在成長過程中被訓練成只能讓別人看到自己的優點。迴避失敗的想法成了絆腳石，讓他們選擇「不去挑戰任何可能性」。當「不表現出自己努力吃苦一面」變成目標，只會使他們和所有引導他們邁向成功的事物漸行漸遠。

雖然「小鴨症候群」並非史丹佛大學特有現象，不過史丹佛大學意圖解決這問題的舉動卻相當獨特。史丹佛大學會在新生入學典禮時介紹小鴨症候群現象，同時教導他們挑戰跟失敗都是學習的一環，不會因此不配成爲史丹佛人。另一方面督促學生盡情分享自己遇到的問題，爲打造出能安心討論彼此難題的社群出一份心力。

史丹佛大學透過宿舍制度、心理諮詢及教職員訓練，令「成長心態」成爲該校風氣，落實在每個人心中。

我初登杏壇時，盡可能地在課堂上納入「成長心態」概念，在早期課程裡刻意創造各種機會讓學生經歷失敗。比方說，明知道幾乎所有學生都會答錯，卻故意請他們預測某個實驗結果。對於他們的錯誤，我以「興奮」代替「責備」來回應，和他們分享心理學是如何改變人們看世界的觀點，盡量讓他們了解這堂課是接納「自我變化」大好機會。我努力將心中這份對失誤的「熱情」傳達給所有人，同時留心當個總是採納新點子的模範。

有時也會在課堂上問學生：「在學校裡學到的知識與自己人生上的問題或課題有關嗎？」比方說，最近我在心理學課程中談到「壓力科學」，每次上課前都會請學生分享「和所學有關的經驗談」——在課堂裡學習到的知識與想法是否能應用於生活中？有沒有能印證上週課堂內容的經驗？抑或是與上課內容有所矛盾的經驗？

由於「成長心態」裡最重要的就是相信「自己可以影響自己的人生。」所以，我把心理學實驗當成課題，請學生報告自己的實驗結果。

例如，我在課堂中請學生重現克服不安的心理研究結果。這個研究是由美國哈佛大學商學院學者所進行，證明了「身體姿勢」會影響人的心情，甚至是生理。於是，我傳授了這個能緩解不安、給予自信且減少壓力荷爾蒙的「姿勢」給學生（讀者也可以一起試試看。這姿勢只需**坐姿端正**，或是**站直後雙手自然擺在腰間**即可）。

在課堂上，有幾位學生分享了他們在生活中實際改爲這個姿勢的結果。其中，有學生爲了讓游泳社的朋友能夠游得更快告訴朋友這個姿勢。

這種課堂實驗對培養「成長心態」有兩種幫助。第一，透過這種實驗可以使自己處於非習慣性環境或「舒適圈」中，因此產生嘗試新事物的念頭。第二，可以了解到「自己和自己的人生都還在成長中，未來藏有無限的可能性」。

這兩點正是過去的我曾經被迫面對的事。十五年前，剛進入史丹佛大學攻讀心理學博士的我和現在完全不同。就讀美國波士頓大學時，我是平均成績永遠是A，而且在四年內修得兩個學位（大眾傳播學和心理學）的優秀學生。

但是，到史丹佛攻讀博士時，我和其他新生一樣對未來充滿不安，擔心自己是不是不適合這所菁英學校；如果犯錯或顯露自己的極限時，會不會被別人認爲自己丟了史丹佛人的臉。

史丹佛大學的學生經常驕傲地身穿印有校徽的T恤或運動服來上課，或大步地走在校園內。不過，我卻連買個印有校徽的週邊商品都感到猶豫。如果學習跟考試都不順利的話怎麼辦？若是中途面臨必須休學的情況該如何是好？一想到這些，就不禁默默覺得穿著史丹佛大學運動服的自己，跟象徵極度自信與野心的古希臘倫理思想名詞「傲慢」（Hubris）完全相符。

「要先能讓自己肯定自己才行。在這之前，我不配穿上史丹佛校徽。」那時的我如此深信著。

「大失誤」卻是成功契機

不可思議的是，不，或許是時機正好到了也說不定。讓我得以學習「成長心態」重要性的「大失誤」，就在博士班第一年快要結束的時候發生了。當我著手解析研究室花了一年收集來的實驗數據時，實驗室助教發現數據裡的矛盾之處。進一步確認數據資料後，發現約一個多月前開始，我竟然將兩個不同的實驗數據資料混在一起了。

由於我的過失，使得一直以來解析的數據資料信度大幅降低。原先應可得出的研究成果也功虧一簣。對我來說，必須向我的指導教授報告這件事，是我人生經驗中最痛苦的經歷之一。心裡也曾想過與其告訴指導教授這件事，不如直接放棄博士學位休學還快活得多。

聽完報告後，指導教授的反應正是展現「成長心態」行爲的典範。他先理解我犯的錯誤爲何，並關心問題是否有挽救餘地等細節。最後協助我構思如何修復檔案，讓整個研究重新上軌道的計畫。他告訴我「**失誤無法避免，重要的是該如何應對**」，還分享了他讀研究所時跟我犯同樣錯誤的經驗，據說他當時害怕到全身顫抖不已。

那時是自從我進入史丹佛大學以來，第一次感受到「成功不需要完美」這件事，也察覺到自己身邊存在很多幫手。

不單單是學習到該如何不再犯同樣錯誤，我還學到透過不隱藏自己、對所有事物都努力朝正確方向前進、別太苛責自己等，讓自己能立刻從過錯與失敗中重振精神。

雖然弄混資料並非我研究所生活或職涯中犯的最後一次失誤，卻成爲我重整心態的重要轉捩點。這就是我學到「從過錯和失敗中成長的方法」的瞬間，也是史丹佛大學教我的最重要的一件事。

在那之後，我也當上心理系研究生的指導教授，並遇到一件讓我印象深刻的事：我的直屬導生跟我犯了同樣錯誤。他跟當時的我一樣，發現自己失誤時感到困惑且內心動搖不已。於是，我將自己差點搞砸整個研究的悲劇與他分享，接著說明這個經驗促使了身爲研究者的我學習、成長了多少。爾後，他告訴我：「你應對失誤的方式，對我來說是個全新的發現。」

因爲他領悟到「過錯與失敗並非人生終點，也一點都不丟臉」，也察覺到過錯與失敗是個契機，令我們得以找出處理方法及最佳應對方式。

我很慶幸自己成功扮演好傳授史丹佛大學「成長心態」的角色，同時心懷感恩，感謝藉由過去的失敗經驗導引出正向結果，使自己離心目中的人生導師理想更進一步。

第一課．重點整理

❶ 保持「成長心態」。

具體行動

．即使失敗也不認為是「自己能力不足」。
．將面對難題當做「成長的絕佳機會」。
．「理解失誤成因」「思考可否補救失誤」，不因失誤後悔。

❷ 不厭惡失敗，抱持「從所有經驗中學習」的心態。

具體行動

．將挑戰及失敗視為學習過程的一環。
．了解過錯與失敗只是「找出解決方案的契機」。
．把失敗與失誤當成「發現新事物的機會」。

❸擺脫「小鴨症候群」。

具體行動

・若失誤出現則勇於面對，不對失誤加以隱瞞。

LESSON 2

爲何拖延、忙碌反而生產力高？

我本來就不是做事一板一眼的人，
成堆的書山跟散亂的書桌反而能激起我的幹勁，
所以我不再花時間在整理辦公室或是資料書籍上。

我常被問到「你到底怎麼有辦法做到所有事的？」「所有事」裡包含準備史丹佛大學的心理學上課內容、寫書、研究，以及到世界各地演講，再加上因個人興趣執教的瑜伽和舞蹈課等各種活動。通常大家會這樣問我幾乎都是因爲好奇，或許帶著些許敬畏也說不定，好像我做了什麼很了不起的事一樣。

提起這件事並不是想炫耀，純粹是因爲這種形象跟「眞正的我」相差甚遠。我並不覺得自己是「工作效率模範」，因爲每每看到待辦事項清單上項目之多，自己都不禁感到驚訝，煩惱到底該如何做完這些事才好。

我的事務所環境離乾淨整潔相差甚遠，雜物文件四散各處。在這種環境下工作的我寫著有關時間管理術的內容時，也曾感覺自己就像詐騙分子一樣。若得說些讓大家提升生產力的建議，大概只能給些「不要花太多時間在網路購物上」之類的話吧。

「不追求完美」是做好一切的祕訣

另一方面，當我看著自己的待辦清單或凌亂的辦公桌時，會覺得自己眞是個幸運的人。因爲只是個普通人而非超人的我，卻總有辦法做到「所有」自己想做的事，而且幾乎都樂在其中。

我認爲，能達到這個狀態最重要的是**不追求完美**。正因爲不追求完美，我才能成功地做到所有自己想做的事。所謂提升生產力的最佳方法，其實並非有計畫性地安排各種待辦事項，也不是做好時間管理。爲了做到所有事，需要的是允許自己以自己的方法與步調來著手任何事，不需要將「正確方法」奉如圭臬。

這樣的我，接受了所有看似會妨礙自己做事的「自我習慣」，同時學習到該如何活用這些習慣。比方說，身爲夜貓子的我理解到自己每當傍晚過後，專注力跟精神會特別好，所以即使開始工作的時間較晚也變得絲毫不在意。

放棄了「在早晨處理所有重要事項」的規矩之後，早上改以運動和冥想好好放鬆自己，或是處理一些雜事。重新安排早晨時間的我，順利地找到最適合自己的二十四小時運用法。

我也接受自己另一個「承接太多工作」的習慣，告訴自己「這並不是件壞事」。過去的我曾多次刻意減少工作量，試著讓自己生活地簡單一點。將主要工作減少到只有一項，或是減少授課時數、下修或集中出差次數。當時的我相信只要減少工作量，讓壓力減輕些，就會變得比目前更加幸福。

可是，每當工作量減少時，心裡就會出現一個急欲填滿所有空檔的自己，企圖用此空檔開設新課程或新研究計畫，甚至要重新裝潢整個家。這情形使我頓悟了「原來對自己而言，空檔一定得用更多事來填補才行。」所謂「有空檔才能找回生活平衡」的概念，套用到我身上卻正好相反。

人越「忙」，越幸福？

結果，有問題的並非接太多工作這件事，反而是減少工作量就會變幸福的想法。

其實，這是經常發生的誤解。美國芝加哥大學和中國上海交通大學的研究結果顯示，**即使繁忙程度被迫超過可負荷範圍，人還是會因爲繁忙而感到幸福。許多人都相信悠閒才**

會讓人幸福，偏偏事實卻完全相反。

每次事情多到沒時間去做時，想要抱怨的我都會想起這個研究結果。告訴自己在我人生中最繁忙的時期裡——寫論文、寫書及結婚——我確實因此成長許多，多到令人不可置信。那時的「忙碌」成爲正向壓力，促使我成長。

那興趣是什麼呢？興趣是能量及動力（動機、欲望、幹勁）的來源，並不只是轉換心情用。比方說，現在的我爲了寫完這本書而絞盡腦汁，在這過程中需要大量的專注力。明明已經這麼忙了，上星期我還是爲了考取「飛輪教練」證照，特地請了一天假。

究竟未來的我有沒有時間去教飛輪課呢？答案當然是沒有。那我爲什麼在這麼忙的時候，還要特地花時間去考證照呢？**就是因爲忙，才能藉由發展自己的可能性，使自己變得更爲積極正向且擁有熱情**。換句話說，我透過從事各種事情令自己不斷接受各種刺激，並以此完成各種挑戰。

「延後作業」會提升生產力

接納了自己會把該做的事往後拖延的習慣之後，我也學會了該如何活用這個習慣。學習時間管理術時應該沒有人會教你「把必做之事放到最後」，不過以我來說，把必做之事拖到最後再做才能做出最棒的成果。我把這現象稱爲**高生產力延後作業**。

這個「高生產力延後作業」是史丹佛大學哲學系名譽教授約翰．培利教我的。他發現只要當待辦事項清單裡出現一件讓他略感壓力的事項時，其他的事項會看起來格外誘人。這個現象把其他事項（作業）想成是一種「休息」，是完成必做之事的「最佳動力」。

對容易感到壓力的我來說，這個想法成了我的最佳良方。如果沒有它，我可能會被拖延後的不安擊潰。「高生產力延後作業」將我怕麻煩的心情化成完成任務的動力。

當我煩惱該如何組構原稿章節時，思考授課內容就像獎賞一樣；對演講感到不安時，構思新舞步就變成我最幸福的時間。寫這本書的原稿時我也活用了「高生產力延後作業」，當猶豫該不該下筆寫書時，先做完心理學課要用的講義，接著預訂好接下來兩場演講要搭的機票後，才開始思考這本書的第一章內容。在我即將寫完這份原稿的現在，正在延後整理明天的行李。

以前的我會爲了「高生產力延後作業」感到罪惡不已，因爲我相信眞正成功的人會把握當下做完所有事，安排出合理的計畫並一一實行，絕不會浪費時間。或許眞的有人能做到，但我不行。

延後作業提高了我的生產力，把必做事項放到最後做的期間才能找到最棒的點子，構思出絕佳的研究計畫。我學會把「高生產力延後作業」當成作業過程中的重要因子，這做法之所以適合我，是因爲它將「必做事項」轉變成「想做的事」。「有效率的」延後作業的話，不但不會因此感到不安，而且比起默默照計畫完成所有作業更能善用時間。

接納自己「很忙」的事實，同時以「高生產力延後作業」安排時間的方法並不適用所有人。

因爲這種方法正符合我的個性跟習慣，才能如此有效。

其實，**與其說是在管理時間，更像是在管理自己的個性**。或許有人看了我介紹的方法後迫不及待躍躍欲試，當然也會有人覺得這方法眞是糟糕至極。在這節內容裡，我最想告訴大家的是要去了解「自己是如何行動，何種事物會變成自己的動力」，也就是要試著去了解自己。了解自己的方法並沒有正確答案。

首先，請先掌握自己是如何運用自己的時間跟體力的。不是去尋找「應該會順利進行」的方法，而是專心找出「該如何做才眞的會順利進行」的關鍵、是不是正強迫自己採用「提升效率模範方法」等，好好地觀察自己。

例如，我本來就不是做事一板一眼的人，成堆的書山跟散亂的書桌反而能激起我的幹勁，所以我不再花時間在整理辦公室或是整理資料書籍上。不過，如果你是「在乾淨整齊的環境下反而能幹勁十足」類型的人，整理書桌或環境反而能激起你的幹勁才對。

我屬於不喜歡公私過於分明的人，所以即使爲了工作占用私人時間也不在意。但若你是公私分明的人，或許你會需要花時間內省，思考今天做到了哪些事、明天要完成哪些事。透過內省釋放工作上的壓力，毫無煩惱地享受私人時間。

另一方面，我一定會在一日之晨給自己時間思考一整天的行程。在我睡醒後離開床前，會先決定好最重要的一件事在今天完成，藉由此過程就能了解今天一整天該把精力跟專注力發揮在何時何事上。

我們每個人個性、習慣皆不同，只要用心找到適合自己的做事方式，或許你能想出連我都沒想過的絕佳方法也說不定。請盡量去嘗試，即使已經忙到沒有空檔也請試著找出自己的工作形態跟習慣。不要用「是否完成今天的所有待辦事項」來評斷自己，改用「待辦清單的安排是否適合自己的個性」「有沒有以自己想做的事來安排待辦清單」等來幫自己評分。

第二課・重點整理

❶ 對所有事都不追求完美。

具體行動

- 重新思考「一定要這麼做才能完成這件事」等規矩。
- 欲做某件事時不需要被計畫綁死，或是被安排追著跑。
- 不整理也無妨。

❷ 管理自己的個性與習慣，而非時間。

具體行動

- 掌握自己如何運用時間與精力。
- 確認何種事物會成為自己的動力。
- 允許自己以自己的方法工作。

・找出「自己的工作形態」。

・接納自己「接太多工作」的個性。

・重新審視待辦清單是否符合自己的生活方式。

※例——夜貓子不需要強迫自己一早從事重要工作，可運用早上的時間做些雜事，或是運動讓自己好好放鬆一下，晚點再開始著手也沒問題。

❸ 實行「高效率延後作業」。除了最在意的工作之外，把其他工作都歸類在「休息」裡，視為完成重要事項的最佳動力。

具體行動

・先完成其他事，把最重要的事放到最後再做。

・了解「成功的人並非都會先擬好計畫且依計畫進度做事」。

❹ 積極地接納忙碌是「正向壓力」。有研究結果指出，人越忙碌越幸福。

具體行動

· 了解「減少工作量也不會變得幸福」的事實。

· 了解「有時忙碌會成為適度的壓力，令人感到幸福」。

· 想抱怨時間不夠用時，試著告訴自己「越忙碌會越幸福」。

LESSON 3
愛打扮，有助成功？

只憑「給人好印象」「不要太招搖」選擇服裝打扮是不對的，而這正是我剛開始在史丹佛大學教書時犯的錯誤。

講到時尚，我可是與生俱來的反骨。

在我小學三年級的時候，母親第一次因爲「我的服裝儀容不適合學校風氣」被叫到學校去。那時候大約是八〇年代初期，歌手瑪丹娜是我當時的崇拜對象之一。因爲想模仿瑪丹娜的打扮，所以我穿著閃閃發亮的螢光色衣服去上學。但被校長禁止之後，我被迫上學時不得穿戴螢光色襪子跟手環。即便如此，還是常因服裝儀容惹出不少麻煩。像是六年級時，就曾被老師批評穿著斑馬紋內搭褲「在教室裡看起來太招搖」；高中時，也曾經突然被叫到副校長室去，只因爲西班牙語老師似乎覺得我那身香奈兒風格的套裝和高跟鞋太花俏了。

進入青春期的我依然醉心於時尚，暑假一到即埋首於學習服裝設計，或是親手縫製衣服，甚至到附近購物中心裡的服裝店打工。進入大學以後，就算是早上八點的課，我也時常穿著厚底靴或復古風洋裝出席。

我熱愛時尚的程度，就連跟心理學教授一起吃午餐，順便向教授尋求研究所升學意見時，都曾被教授說：「你如果沒往心理學之路走的話，現在一定正往時尚業界邁進吧。」

雖然說了這麼多關於我熱愛時尚的事，不過，我猜那些在我剛執教的那幾年內認識我的人，一定感覺不出我是如此熱愛時尚的人。

那是因爲剛從波士頓搬來北加州的時候，我發現自己衣櫥裡的服裝跟這裡的風土人情實在太格格不入了。加州的女人們身穿的絕非「用色大膽」「花紋充滿玩心」或「知名設計品牌」等服裝，她們總是選擇大地系色調或材質的衣服。與其說是時尚，更不如說是適合穿去踏青的服裝。

「休閒」取代了許多時尚標準，所以女性不常化妝、戴首飾，髮型也相對簡單保守。雖然我最愛嘗試跟別人與眾不同的髮型跟髮色（我已嘗試過金髮、紅髮、棕髮等各種髮色，其中最愛的就是粉紅色），但這些嘗試實在太不適合北加州這塊土地了！

爲了入境隨俗，我努力壓抑自己的個人特色。那時候的我眞心覺得不像自己，而且無法再嘗試各種髮型也令我深感可惜。不過，我可沒因此放棄，深信一定能找到另一片天的我，開始在「不招人白眼」的範圍內，試著在北加州的「制服」上帶些自我風格。

講師服裝端正，學生更勤奮學習

在史丹佛大學執教兩、三年後，正好有機會參與以「講師服裝帶給學生的影響」為題的研究。驚人的是，研究結果顯示**講師服裝越端正，學生的學習欲就會越高**。這結果真的令我大吃一驚！其他相關研究也指出服裝越正式的講師，越會被學生評價為「有本事且具教學熱忱」，正面影響學生的學習欲。

這個研究讓我整個人恍然大悟。在這之前，史丹佛大學的講師在課堂上總是打扮隨興，大家也都視為理所當然，幾乎沒有人穿著套裝講課，穿牛仔褲加帆布鞋的講師也不少。因此，剛開始教書的我一方面期待著自己穿上「正式服裝」教課，另一方面也默許以「加州風休閒風格」打扮。

我的教學指導老師，同時也是我最尊敬的教職員之一，他的心理學課一直以來都很受學生歡迎。我發現他跟系上的其他教授不同，授課時總是身穿西裝外套。難道，他的打扮也是讓他的課如此受歡迎的原因之一嗎？

遇到這項研究後，我下定決心「改變打扮」。如果我的服裝會給予學生正面影響，那就開始穿套裝和高跟鞋上課吧。即使我的打扮跟同事相比看起來有些刻意也絲毫不在意。就連化妝都不再是禁忌，因為妝容能讓我的表情看起來更豐富。

雖然是「爲了學生」才開始正式打扮的，但就結果來看，這個嘗試變成了給自己的「禮物」。當自己身穿漂亮的衣服時變得比過去更有自信，還感受到「自己在做的這件事意義十分重大」，每一堂課都像在從事特別的活動一樣。

穿著圖樣繽紛的衣服或是知名設計品牌的外套時，我覺得自己更像自己了。也察覺到過去強迫自己打扮樸素，硬改成休閒風的行爲，完全壓抑了自我，像是「身穿外型古典灰，內裡卻是豹紋的外套時，享受衝突樂趣的自己」「照自己風格選的話，愛紅色洋裝更甚卡其色褲子的自己」或「比起剛洗好臉的素顏，更愛畫著濃眼線貓妝，配上裸色口紅的自己」。

一件衣服，改變工作成果

服裝不只能改變對自身的想法，還會影響到工作成果，美國西北大學的心理學家們將這現象命名爲「穿衣認知」。他們發現，服裝可協助我們發揮「完成自我任務能力」至極致。例如，當著手需要專注力的工作時，穿著白衣（醫生或科學家的象徵）能令工作過程更順利。「自我期望」的特徵與服裝和首飾等連結後，即可實際展現出期望中的成果，同時協助提升工作品質。

不論是選擇授課時的裝扮，還是在外演講時，都會依照這個原則。因爲我在這些過程中會去思考自己在接受至少一種挑戰後，會不會變得更開心。爲了使這份用心能發揮地更淋漓盡致，我備有多種項鍊跟手環，讓自己的打扮即使充滿古典美，也會因小飾品用色截然不同，搭配出意外效果。

以我爲例，我藉由搭配正式服裝及有趣的服裝，讓我更不費力地化身爲「身爲心理學講師的自己」——認眞思考教育議題的同時，也樂於構思學習機制（方法），例如備課時，我會事先刻意設下一些挑戰給自己，像是冷不防地請學生上台當場驗證某個實驗結果；爲了講解心理學法則，是否可找機會播放知名電視節目片段讓學生大吃一驚或讓他們開心一下。

第一次到訪東京時我去原宿和表參道逛街購物，買了件設計奇特的毛衣，回國後就穿著它上台教課。它看起來就像貴族學校裡的學生會穿的藏青色毛衣，只是正面寫了令人傻眼的英文單字。

沒想到，這件毛衣竟立刻成爲課堂中學生們的話題！

「外表心理學」的研究結果

以「外表心理學」的研究觀點來看，我實行的「外型策略」包含兩種重要啓示。第一是**「學生認爲服裝正式的教授比較厲害」研究中已闡明，人會依服裝打扮評論對方；第二是想在他人心中留下好印象，就得穿上「與工作相關」、有如「象徵專業」制服般的服裝**。至於制服的樣式爲何，是充滿設計感還是保守風，就得依職種來判斷。

需特別注意的是，若穿上不像自己風格的服裝可會招來反效果。例如某個研究就將焦點擺在「打扮有如上流社會，實際地位卻相差甚遠」帶來的影響上。這種行爲雖然會提升自信，可是卻會不斷地衍生出「太不適合自己」的想法與情緒。

如果會因爲身上的衣服使自己感到「虛僞」的話，在職場上也會覺得自己像「詐騙集團」一樣。只憑「給人好印象」「不要太招搖」來選擇服裝打扮是不對的，而這正是我剛開始在史丹佛大學教書時犯的錯誤。正因爲我壓抑了自已的打扮風格，才令我一直無法融入整個環境中。

若是想增加成功機會而刻意打扮的話，不妨思考**如何才能讓人留下深刻的印象**。換句話說，只要穿上能讓自己有自信的衣服，或是充滿自我風格的服裝，就能讓他人留下好印象。

人依外表而下的「評價」，其實超越了服裝、髮型或整潔整齊與否所能控制的範圍。我們的標準大多倚靠肢體語言、情緒及眼神交流等「非語言溝通」來評斷。「非語言溝通」，才能展現出你的自信、生活方式，及對工作的熱誠。想給他人留下好印象，其重要性可不輸「穿著打扮的選擇」。若想靠「非語言溝通」給人好印象的話，自信是非常重要的。

因此，在參加重要活動時，或是思考每天要穿什麼上班時，一定要優先考慮是否「讓自己有自信」和「是否符合自我風格」。

記得自問，穿這件衣服時心情是否愉悅？從社會標準來看，這個打扮會不會太過醒目（而非符合自我風格）？這樣的穿著會不會妨礙你展現你的情感跟熱忱？

我在開始教書之後，不久就了解到絕對不能穿太過合身的裙裝上台，因爲它會讓我無法深呼吸，想大笑或大聲說話都不行！

你穿的衣服能恰當地表現你的個性嗎？雖然粉紅色頭髮已不適合我的工作，不過身穿圖樣活潑或有趣的衣服與飾品，就能讓我盡情地展現自己的個性。

我有條特別喜歡的項鍊，是我妹妹送我的。那條項鍊上有一塊刻著英文compassion的吊牌，意思是「體貼」，每次戴上這條項鍊時，我就像是與我的家人們緊緊相連著，同時感受到自我價值所在。

如果這堂課能成爲各位接觸時尚的契機就太好了。我們總會不由自主地壓抑自己的存在感，若能改穿上十足展現自我風格的衣服，就能向周遭宣告自己「對所有事物充滿興趣，而且有自信能將所有事做好」。

第三課・重點整理

❶ 服裝會「改變工作品質」。美國西北大學心理學家們發現，服裝可協助我們發揮「完成自我任務能力」到達極致。

具體行動

・穿上與「自我期望」連結的服裝。

・穿上「與工作相關」「象徵專業」的服裝。

❷ 選擇服裝時，優先考慮「自我風格」。

具體行動

・穿上能讓你心情愉悅的衣服。

・確認穿上的衣服可否表現自我個性。

❸ 選擇服裝時，記得設定「一項」挑戰。

具體行動

・試著搭配「正式服裝」及「（讓自己）心情好的衣服」。

・嘗試「對比性強的裝扮」。

※例——穿上略帶古典風服裝時，若配戴風格相異的飾品（如項鍊、手環等），會因小小改變（挑戰）讓自己也能樂在其中。

LESSON 4
提升效率，從改變姿勢開始

—

當我需要腦力激盪、
策畫新授課內容或是寫初稿草稿時，
都會從趴在地板上開始。

—

當我還在波士頓大學讀書的時候，曾上過有關創造力激發的課程。

某天，那位老師請我們回想自己最有靈感的時候。老師要我們回想過去整個人變得非常專注，然後不自覺地創造出新作品的經驗。他說，這樣的狀態就叫**心流狀態**。

那時，我回想起自己高中學習美術的過往。我總是從早到深夜都窩在家裡，拚命用炭筆、鉛筆及粉彩練習肖像畫技法，一晃眼就是好幾個小時。那段時光真的非常開心。

接著老師又說：「請再回想一下，當自己處於創造力充沛的狀態時，是以什麼樣的裝扮和姿勢進行的。」一開始我困惑了一下，但之後老師的要求讓我更爲驚訝。「現在，請你們擺出和那時候一樣的姿勢。」環顧四周，所有同學都開始一一擺出自己的創造力姿勢。有人站起來，有人挺腰坐正，還有人開始在教室來回走動。除此之外，有些人開始把頭靠在桌邊低頭，手像是在寫什麼一樣地動作著。

這時我才察覺到老師是認眞地提出這些要求，所以急著回想起專注在繪畫上的自己，接著拉開椅子趴在地板上，然後像當初畫素描一樣，用手肘支撐自己的上半身。

「創造力」取決於內心狀態

究竟講師叫我們擺姿勢的意義爲何？他解釋「創造力並非特定族群才有的『才能』或『個性』。它是一種**內心狀態**，而且爲了進入這種狀態，必須透過某種協助才行。」現在我們正藉由重現進入創造狀態時的姿勢，幫助自己喚起當時的記憶，進而開啓心裡的「創造力之門」。

「重現那時的姿勢，就像是一把心理鑰匙，幫自己打開前往創造力的門。」老師的這番話，讓我之後遇到瓶頸時，都會回想並擺出當時畫畫的姿勢，試著重新啓動整個思考迴路，再重新面對現在正著手的工作內容。

實際上，自從開始擺出這個能發揮我創造力的姿勢後，我的身體確實感受到老師所說的心理鑰匙爲何。雖然趴在地板上一點都不讓人興奮（這間教室的地板最後一次被打掃是什麼時候？）不過心情立刻變得自由無束縛，各種靈感紛紛湧上心頭。最重要的是，似乎已確實做好了面對工作的準備。

決定「招牌姿勢」，提升工作成效

即使已經過了十幾年，我對這堂課依舊印象深刻。最大的原因，就是這個方法「確實有效」。雖然這個姿勢並不舒服（有時背跟脖子會很痛），不過「趴在地板上」已經變成我開啓「創造力」的「必行方法」。當我需要腦力激盪、策畫新授課內容或是寫初稿草稿時，都會從趴在地板上開始。先把筆電放一旁，拿著筆重回以前的「手寫狀態」。像過去學畫一樣，在大大的白紙上拿著麥克筆寫些東西。當然，製作簡報、評學生成績或編輯作業等事情都可以在桌上進行，也能用筆電完成。不過，若是需要激發創意點子的時候，我的身體就會想趴在地板上，渴望那個能盡情伸展的姿勢。

我們總以爲，只要用「提出幹勁」這種心態面對所有事，就可以令自己完成所有必做事項，就能提高生產力。但是，眞正能完成事物的心態，會依我們想完成的事情內容而有所改變。像是「製作詳細報告或計算分析數據」與「寫詩或慢慢思考複雜問題」，這兩件事的必要心態就截然不同。前者需要「屏除一切雜念」的心態，後者則是需要「讓思考自由發揮，整個人十分放鬆」的心態。同理可證，以各種點子想像公司未來展望時需要的「抽象思考心態」，在確實打造事業基礎時是完全排不上用場的，因爲這時需要的是「具體思考心態」。

感覺到自己「提不起勁，什麼事情都不想做」的理由五花八門，其中也有無法輕易解決的問題存在。可是，如果問題癥結在於想完成的事和心態不合上的話，是可以解決的。解決方法並非責怪自己「事情永遠做不快」，而是改變自己的身體姿勢和物理環境，以改變自己的心態，心理學家稱這現象爲「**體現認知**」，意指**認知受身體狀態或動作影響，身體姿勢等「特定體感」會創造出特定心態**。

伸展身體，自信心就回到你身上

或許有些人已經聽過這個最爲人所知的「體現認知」例子，它是由美國哈佛大學商學院副教授艾美．柯蒂進行的「高權力姿勢」研究。其研究指出，只要擺出「站立時雙手向上伸直」以及「把腳放桌上、背貼椅背坐滿」等能伸展身體的姿勢，就能將「無力感」轉變成「自信」。這股自信也能把即將登台時感受到的壓力，轉變成完美表現的動力。

某個研究中，柯蒂跟同屬哈佛大學的研究夥伴們一起對受試者下指示：「工作面試開始前幾分鐘，請試著擺出幾個能伸展身體的姿勢（高權力姿勢），或是跟伸展無關的靜態姿勢。」結果，擺出高權力姿勢的受試者表示自己感覺充滿力量，進行面試的雇主也回應「覺得擺出高權力姿勢的人比擺靜態姿勢的更有能力，雇用的可能性較高」。另外，生理學上代表自信程度的睪固酮（一種男性賀爾蒙）的含量也增加了，而且此現象不分男女。產生自信的「最佳姿勢」依文化有所不同。「把腳放在桌上」的姿勢較適合美國，是極有效的高權力姿勢其中一種；「抬頭挺胸站直」或「挺胸坐正」的姿勢在中國、日本、韓國等國家比較有效。

柯蒂的研究甚至發現使用手機等手掌大小般的機器工作時，會因爲姿勢大多蜷曲無法伸展，讓自己越來越沒自信，用大螢幕電腦工作時反而工作效率比較好。這現象應該是因爲使用者的姿勢變得較爲開放造成的。

「身體姿勢」是身體影響精神的一種方式，另一種「體現認知」則和物理空間感相關，它會影響你身體的受限程度，也會依據你的視野改變。

例如美國明尼蘇達大學卡爾森商學院進行的團體研究證實「天花板越高，越能誘發各種抽象且具創造性的思考與想法」，同時「在較爲封閉的空間裡，能使人的思考變得較具體、縝密。」不論是外出散步，或是在挑高空間裡都具同樣效果。

「寬闊空間」不僅能協助我們轉變爲思考重要事項的心態，並且幫助我們構思新點子。相反地，只要採取關上窗戶或是戴起耳機等簡單行動，就能讓我們切換成提高專注力的心態。

這小小的行爲就像毛毛蟲結繭一樣，從物理層面隔絕一切「會分心的因子」，讓自己更能專注。

運用「體現認知」改變心態、提升效率

運用「體現認知」後，無論在何種情況下都能幫助自己切換到提升效率的心態中。在這節課一開始，我提及的大學時代經驗就是一例，大家可以照著試試看。專注力、精力、協調性和創造力等，不管你的「理想心態」是什麼，只要你知道自己有「特定工作模式」可幫助自己進入那個狀態，就試著回想過去曾進入該心態的經驗。然後，判斷一下自己是否能重現記憶中的那個狀態。研究指出，除了姿勢外，其他因素也能成爲切換關鍵，像是**氣味**跟**聲音**都會是進入高效率狀態的開關，讓我們的表現得以更傑出。有時即使我們無法完整重現過去的經驗，但光是回想起這個經驗就足以幫助我們切換心態。

受到創造課老師跟「體現認知」研究結果的啓發，我將部分相關技巧運用在我的課堂或工作坊上，樂於嘗試各種姿勢、改變可自己更動的部分工作環境等。

許多在舊式辦公環境下工作的學生常利用名爲「Coffitivity.com」的網站，這個網站播放著在咖啡廳裡錄下的環境音。其實，咖啡廳即是能提升效率的「物理空間」。有研究支持這個論點，美國芝加哥大學的研究證實，**咖啡廳或下午茶坊裡的環境音有助提升創造力，增加工作效率**。

我也很愛運用音樂，尤其在工作超多時我會放爵士樂和電子舞曲，光是播放清單就有好幾個。寫書時也一定會放這些音樂來聽。因爲放音樂可以幫助我切換成「工作模式」。

以上說的這些方法，其實並不適用於「提升所有工作的效率」。它們不會減少待辦事項數量，也不具任何能打破靈感困境的保證，更不能把現在的工作環境轉變成「夢幻職場」。不過，這些方法都是經過科學證實，能輕易套用在自己身上的方案範例。是自己能實行的「微小變化」，幫助自己更輕易發揮「各種能力」。

不管應做事項是什麼，我們都會在心裡的某個角落想著一定要完成它。而且，我們都知道該怎麼做才對。

只需控制一小部分的工作環境和工作模式，你就能輕易找到自己心裡潛藏的那股力量。

第四課・重點整理

❶ 改變身體姿勢。「站立時雙手向上伸直」等能伸展身體的姿勢可讓自己更有自信。這種姿勢被稱為「高權力姿勢」，具發揮傑出表現的效果。

具體行動

・「把腳放桌上」的姿勢較適合美國，屬極有效的高權力姿勢其中一種。

・「抬頭挺胸站直」或「挺胸坐正」的姿勢在中國、日本、韓國等國家較能見效。

❷ 擺出創造力姿勢。重現自己在創造力豐沛、靈感不斷湧現等絕佳狀態（心流狀態）下擺過的動作，可再度喚起當時的記憶，打開通往創造力的大門。

具體行動

・遇到瓶頸時，或開始想拖延時，不妨擺出「創造力姿勢」。

※例——我的創造力姿勢是「趴在地板上」。策畫授課內容或寫新書初稿時，都會從趴在地板上開始。需要思考點子的時候，也會趴在地板上盡情伸展。

❸ 試著改變「物理環境」。戶外或挑高空間等「寬闊空間」裡適合思考重要議題或構思創意點子。封閉空間能使人的思考變得較具體、縝密。

具體行動

・如到戶外散步，或特地讓自己處在寬闊空間。

・除改變環境（場所）外，背景音樂也能產生同樣效果。

第 2 章

如何構築無往不利的人際關係？

要獲得幸福與精神健康，
和「自己做什麼」無關。
「工作夥伴們怎麼看你」才是關鍵！

LESSON 5
職場人際關係該如何經營？

—

人類是社會性動物，
職場人際關係比工作帶來的壓力更讓人痛苦。

—

你曾因職場上的人際關係，讓自己夜不成眠嗎？如果你有過這種經驗，別擔心你並不寂寞。

根據二〇一四年訪問日本三萬七千多位正職上班族的調查結果，爲職場人際關係煩惱的人和無此煩惱的人相比，失眠傾向較明顯。不管是嫉妒還是競爭心，或是對同事感到失望等，這些來自職場的「社會壓力」比工作的壓力還令人痛苦。

爲什麼我們會爲了職場人際關係煩惱？**因爲我們面對工作時總是會去思考「自己在做什麼」，但關於心靈層面上是否感到充實時，可說絕大部分取決於「工作夥伴們的感受」**。

畢竟，人類是「社會性動物」。當我們不屬於職場等社群（集團），或是覺得自己所屬的社群無法信任時，就連工作都有可能因此功虧一簣。尤其當本身工作負擔過重、壓力過大，或是覺得工作不符理想時，在社群裡的「歸屬感」更顯重要。

想了解自己對工作的滿意度，最簡單明瞭的標準就是**自問和同事間是否存在著友情**。只要因辦公室政治或個人人際關係上的對立，進而影響自己與群體間的信賴感，就容易因工作感到疲勞或身體健康出現問題。

為「社會對立」煩惱是大腦原有機制

即使遠離職場，仍會因「個人事件」而煩惱的其中一個原因，是因為我們大腦裡原先就有察覺**社會對立**徵兆後而為此煩惱的機制。這機制是為了讓我們順利在社會裡生存而出現的。因為有必要去理解他人的想法，同時為了保護自己我們也必須了解對方「是敵是友」，所以人類才養成預測他人行動的能力。另外，為了避免一個人獨自面對並解決問題，必須構築足以支持自己的強大支持網才行。

當我們無法理解他人行動意圖為何時，大腦會試著主動去探索，並企圖加以解決。所以即使只有一瞬間，只要看到對方露出「他好像對我很失望」的樣子，就會開始腦補對方所有對自己的批判，然後接著會思考該如何提升他人對自己的好感度。此外身為人類的我們，會對違反社會規範、影響社會運作的人感到憤怒，所以只要有人做出不當行爲，或是對自己不公平的話就會因此生氣，同時開始策畫該如何懲罰對方，或讓對方改過向善。

這種**社會性反芻**是我們內心很重要的一種習慣，也是人腦愛走的「既定路線」。其實腦科學家們已經發現，人類即使只有短短的一分鐘獨處，當意識逐漸模糊時，幾乎都會開始感受到「社會壓力」，而這正是引發失眠的原因。想必失眠的各位應該也是遭遇同樣情形吧。當意識逐漸模糊時，就會開始思考「他人如何看待自己」「人際關係問題該如何解決」等。

與「社會對立」和平相處的第一步，是要了解**社會對立對自己的影響程度**。這個行爲只是單純讓自己了解人性，同時了解「即便只是小小的對立（衝突），我們都會把它放大、誇張化」。因爲大腦十分敏感，連些微的社會壓力都能察覺到，所以會將無傷大雅的「傳聞」，轉換成可歌可泣的浩瀚戲劇（事件）。當你察覺自己好像正捲入職場人際糾紛時，請試著思考這或許只是大腦的「社會本能」反應過度。

在這裡要分享個好消息。只要善用這個「社會本能」，即能減少「職場對立」對健康和滿足感帶來的壞影響，或者至少可以找回兩者間的平衡。通常針對「該如何對應職場對立」所給的建議，都是找出造成對立的原因。不過，職場對立會造成身心疲憊的原因，是大腦已經在處理造成對立的問題了。

或許有些出乎意料，但比起找出造成對立的原因，**奪回「社會本能」的永久主導權**才是上上之策。

不需要去否定對立的情況，也不用壓抑自己的情感，這些都是毫無勝算的做法。當然，我們也不需要將精力浪費在這些會消耗身心的人際關係跟行為上，比起這些事情，請將你的精神用在**建立支持自己的人際關係**中。

改善職場人際關係的「三個重點」

① 思考身邊是否有需要幫助的人

請觀察身邊是否有需要幫助的人。如果你正因爲辦公室政治讓自己壓力滿點，同時開始在意起同事一舉一動的話，或許其他人的狀態也跟你一樣。比起默默把話藏在心裡，不如好好思考一下自己能如何幫助他人？誰也許需要和人談談抒發一下？誰受到公司內風波（事件）的波及？能讓受波及的人好過些的方法有哪些？

②在職場釋出親切善意

試著在職場內釋出親切善意吧。幫助他人的同時也能讓自己紓解壓力。

在職場釋出一些小小善意，可以爲自己建立起互助的人際關係，也是決定「職場幸福度與健康」的關鍵。這些正向積極的「社會互動」可以使我們更有精神，同時成爲消除「對立毒素」的解毒劑。

③認可並感謝他人的「貢獻」

試著讓他人感受到「被認可且被大家接納」。在職場人際糾紛裡最令人厭惡的，就是感到「自己不屬於這個團隊」。而且，越努力想被認可或是想被大家接納，越會被認爲是「愛現」「別有用心」的人。雖然有些矛盾，不過根據研究指出，提高自己歸屬感的最佳辦法，就是**反過來讓他人認爲「這個人對我的評價很高」**，認可他人在工作上的表現與貢獻、對他人表達謝意，甚至關心工作以外的生活。

以上這些做法當然不是萬靈丹，無法解決所有職場上遇到的問題，不過可以減輕問題帶來的「負面影響」。

研究發現：「強烈感受到來自職場的群體支持的人，比較不會感到沮喪，也不太會爲職場人際問題而煩惱。」這樣的人即使被上司訓斥，或是對同事偶而感到不滿，都不會因此影響到對工作的用心程度及滿意度。

即使再怎麼努力，我們都無法擺脫辦公室政治帶來的影響；再怎麼擔心，也無法解決所有人際關係上的對立。可是，只要努力建立職場上的友誼及互助關係，就能妥善面對這些問題。

第五課・重點整理

❶「工作夥伴們的感受」比「自己在做什麼」更重要。人類是社會動物，職場上的人際關係比工作帶來的壓力更讓人痛苦。

具體行動

・把「和同事間的友情」當做衡量工作滿意度的標準之一。

・建立可支持自己的「人際支持網」。

❷思考身邊是否有需要幫助的人。為職場人際關係所苦時，找出對立原因並非好方法，致力建立支持自己的人際關係才是良策。

具體行動

・覺得壓力大，很在意同事的一舉一動的話，試著想想「或許他人也跟自己處於同樣情形」。

・比起默默把話藏在心裡，不如好好思考一下能如何幫助他人。

❸在職場釋出善意。在職場幫助他人能幫自己減輕壓力。採取正向積極行動時會比較有精神，並減輕「對立帶來的壞影響」。

具體行動

・試著在職場釋出「小小的善意」。正向積極的「社會互動」，可以讓我們更有動力，同時成為消除「對立毒素」的解毒劑。

❹認可並感謝他人的「貢獻」。試著讓別人感受到「自己被認可且被大家接納」。

具體行動

・認可他人在工作上的表現與貢獻。

・關心他人工作以外的生活。

LESSON 6

閒聊的力量

—

會閒聊的人，
工作能力與好感度皆高

—

我從事意志力的研究時，可說驚喜連連。

其中一個驚喜，就是看似「浪費時間的行爲」，其實會在意想不到的地方幫助我們，而非只是無意義地延宕所有應辦事物。

以工作休息時間裡的閒聊爲例，或許有人會覺得聊週末的計畫或上司的小八卦是浪費工作時間的事，感覺像自己做了虧心事一樣。或者擔心自己不好好工作反而在茶水間摸魚，會不會影響同事對自己的信任感。

可是，研究發現這種「非正式交談（在休息區的閒聊、團體或組織內不經意的對話或交談）」，在恢復效率及強化職場人際關係上占有舉足輕重地位。

和同事一起喝杯咖啡這類「社交上的小歇」可**改善職場氣氛，提升專注力**，並且**儲**

備工作上的幹勁。

更令人驚訝的是，這些非正式的「社交交流」還能**提升自己在工作上的評價**。

比方說，加拿大溫莎大學的心理學家在二〇一五年的研究結果中指出，會於飲水機旁花時間跟同事交流的人，比不花時間交流的人能力更強，好感度也更高。這種人容易被推派負責重要的新專案或工作，需要幫忙時也容易獲得來自他人的幫助。

究竟茶水間內不經意的交談，爲何能強化自己在職場上的存在感呢？

心理學家提出了許多假說，其中最有力的就是**社會資本**假說。所謂社會資本，意指**與他人積極交流後獲得的信賴與尊敬**。雖然社會資本通常是藉由幫助他人或工作上的好印象來累積，不過像是建立信賴關係或友情，對人表示善意般的「與人交流」，也能累積社會資本。

尤其如公司茶水間的交談般跟工作無直接關係的「交流」，累積社會資本效果特別顯著。因爲在釋放工作壓力的同時，有機會能看到同事有別於工作上的另一面。這種交談是工作時重要的「開心休息時間」，可以有效幫助自己提升對工作的熱情。

看完以上所述，之後你應該不會再因爲在工作上花時間「與人交流」而感到心虛了吧。那麼，該如何才能將「休息片刻」的效果發揮到極致呢？接下來，我要介紹五項有科學實證，能善用短暫休息時間強化「與他人間的社會關係」的策略。

提高「閒聊效果」的五項策略

① 盡量找出能和同事直接碰面的機會

雖然盡可能不想去打擾對方，不過直接面對面談話，更容易和對方來段與工作無關的簡單對談。這時，需要從對方的「肢體語言」來判斷現在適合搭話與否。如果感覺對方很忙，不妨走過去稍微打個招呼，然後立刻撤退。

若對方是你特別想更進一步認識的人，就盡量找出能和對方直接碰面對談的機會。像是跟對方在同一個專案小組裡工作時，就主動邀對方共進午餐、喝杯茶，或是一起去散散步，讓彼此交情更深厚（因爲史丹佛大學的校園環境很美，加上天氣很好，常能看到一群人一邊散步一邊開會）。

當感覺自己捲入職場內的派系鬥爭時，試著以「認識新朋友」爲目標吧。首先主動簡單打招呼，接著和對方討論職場、服裝或興趣。

② 收起你的手機

「面對面交流可以建立社會資本」的其中一個理由，就如同字面上的意思，可以面對面對話。當我們面對面交流時，會在不知不覺間開始模仿起對方的表情、姿勢與手勢。當肢體語言自然地同步，能幫助我們建立親密的友誼關係。不過，如果此時讓自己的焦點轉移到手機等電子儀器上的話，就會打斷整個重要的「社會流程」。

某項調查結果指出，不管是手持手機或是將手機放在桌上，都會分散我們的精神及注意力，削弱會話時衍生出的共鳴及信賴感。所以，當我們前往茶水間時，記得把手機留在辦公桌上，然後細心聆聽對方的說話內容。

③持續追蹤先前的話題

簡單和同事建立信任關係的其中一個方法，就是讓對方了解「你有聽進他說的話」。如果對方提到自己將去參加某個活動，記得在日後主動詢問對方參加活動時的經過與感想；若對方提到新專案的細節，之後別忘了問問該專案的情況與發展；當對方上午被壓力逼得喘不過氣時，就在下午關心對方一下，問句「還好嗎？發生什麼事了？」雖然這些小動作聽起來輕而易舉，不過這些持續追蹤的行為，正是讓「無心的閒聊」和「建立信賴關係的短暫社交閒聊（會話）」之間產生極大差異的關鍵。

④避免散布「負面傳聞」

同事間抱怨上司或是討論問題百出的專案的未來走向時，彼此都會表現出對對方的信賴感。有時語帶保留地談論這些負面話題時，可以強化職場上的人際關係。但是，如果自己總是那個散布負面傳聞的人的話，反而會適得其反。不分場合散布這些負面傳聞的人，容易失去別人的信任，甚至被當成「職場霸凌者」而被疏遠。請盡量避免散布負面傳聞。

如果察覺到自己處於愛談負面八卦的人群中，記得不要跟著附和或是加油添醋，讓整個話題一發不可收拾。相對地，要感謝對方願意相信自己，告訴自己這些話。然後，若情況允許，就趁這個機會開始協助對方吧。比方說，對方抱怨那些不愛工作的人時，以一句「你也眞的很不容易，得應付這些人。」表達自己的共鳴，接著問句「有我能幫上忙的地方嗎？」

⑤成爲談論「正面傳聞」的人

傳聞不一定都是負面的。有研究證明當自己誇獎他人時，自己在職場上的評價也會變高。要如何當個「講正面傳聞」的人呢？

「當別人不在場時稱讚對方，認同他人的貢獻與付出。」試著用言語表達出對方的好，像是提升整個團隊的信賴感、特別照顧新人或是積極地進行新專案等，根據一系列調查發現，即使正面傳聞的主角（個人或團體）不在場，聽到這段佳話的人也會認為講這出這件事的你，是個「很珍惜同事並且努力付出」的人。愛散布正面傳聞的人會被認為是「值得幫助的人」，所以，當你養成「散布正面傳聞」的習慣後，在必要情況時得到他人幫助或被別人保護的可能性會比較高。

第六課・重點整理

❶ 閒聊在提升效率及強化職場人際關係上是關鍵。

❷ 會閒聊的人，工作能力與好感度皆高。

❸ 盡可能面對面交談。

❹ 收起你的手機，以面對面交流建立社會資本。

❺ 持續追蹤先前的話題，讓對方了解「你有聽進他說的話」。

❻ 避免散布「負面傳聞」。不分場合散布這些負面傳聞的人，容易失去別人的信任。

❼ 成為談論「正面傳聞」的人。研究證明當自己誇獎他人時，自己在職場上的評價也會變高。

LESSON 7

道歉的學問：如果那時，勇敢說了對不起

—

很多人都會害怕道歉後引起的各種風險，
可是道歉其實會帶來許多好處。

—

在思考該如何說「謝謝」的過程中，我理解到該如何說「對不起」。

約兩年前，我收到一封感謝信，那是過去我曾經指導過的學生，爲了感謝我的指導寄來的，信裡寫滿我們之間的回憶及她的感謝之意。相信收到這封信的老師，無論是誰都會爲之動容。但是，我卻忘了回信。

因爲收到信的那一天，我聽說了另一位學生正面臨束手無策的情況，整個注意力都轉移到那位學生的困境中，徹底忘了感謝信的事。兩週後，我終於想起這封感謝信，並且爲自己沒有立刻回信感到後悔。這不但是個失禮的行爲，更等同於輕視對方，是個不容原諒的過失。

那時的我因爲自己忘了回信，就覺得信裡學生所寫的感謝內容都被一筆勾銷（當然

實際上並非如此，只是當時的我打從心裡這麼覺得）。更遺憾的是，因爲實在太慚愧，結果我竟然沒在發現後的第一時間立刻回封道歉信：「對不起，我應該更早回信給你的。」雖然很想彌補這件事，不過因爲覺得太對不起對方，所以聽從了心中小惡魔的建議，假裝任何事都沒發生過。這時，原本應該成爲道歉動機的「慚愧心」，竟成了道歉的阻礙。

這並非我第一次掉入這種「陷阱」，無論是工作上還是私底下，現在的我仍無法好好鼓起勇氣去「道歉」。因爲在我心裡總會覺得「忘了這件事就好」，希望在不知不覺間這個過失就會逐漸被填補過去。我知道，無法直率地道歉的自己，令很多人都感到失望。

「對不起」這句話，說起來不簡單。即使理由跟我不同（覺得慚愧等），想必也是有別的理由讓對不起遲遲無法說出口。像是很多人道不了歉，只是因爲不想被別人覺得自己很弱而已。其中的關鍵，就在於「道歉＝示弱」的想法。有時候因狀況不同，自己的「示弱」有可能會被誤解成「懦弱」。

「不道歉」有時會弄巧成拙

我學過有關史丹佛大學商學院進行的這個研究：「（以第三者角度來看）比起直接道歉的男性，不爲自己的過錯負責的男人，至少在短期內會被認爲很有魄力。」這個研究結果給我的印象非常深刻。

當然，這情況並非絕對。在別的研究中也發現男性或是地位高的人若由衷道歉的話，效果會十分顯著，還能獲得極高評價。在需要道歉時道歉，或許能提升周遭人們對你的評價也說不定。

另外，在某些層面上，道歉並非表露「個人懦弱」，像是在經濟或法律面向上，道歉代表一種義務。「絕對不能道歉！」這句話，常是公司高層、政治家或醫生犯錯、深陷困境時，別人給的第一個建議。因爲他們害怕假如承認過錯是自己的責任時，隨之而來的就是一連串的訴訟及最壞的結果。

諷刺的是，「不道歉」往往會讓整件事情弄巧成拙。

例如絕不承認自己過錯的醫生，比直接承認過錯並道歉的醫生，更容易因醫療糾紛而被告上法庭。不管是工作上還是私底下，若是讓被害人（或是相關人士）感受到「不但沒有被好好對待，對方甚至完全不認爲自己有錯，企圖敷衍了事」的話，會使整個狀況更加惡化。

由於沒有得到任何一句道歉，使得被害人心中的憤怒和感受漸漸轉化成「自己受到不平待遇」的想法，因而採取「提起訴訟」的行動，試圖讓對方承認自己過錯並負責。

學會道謝，就懂怎麼說好一句「對不起」

很多人都會害怕道歉後引起的各種風險，可是道歉其實會帶來許多好處。第一，**道歉後可以安撫對方心中的「氣憤」「抱怨」「怒氣」和「報復心」**。另外，還能**幫助犯錯的人早一步往好的方向前進**。若是消耗精神在隱瞞或否定過錯上，會使自己較不易從經驗中學習，甚至很難找出犯錯的原因來克服自己的懦弱。

或是像我一樣，實際上對於自己的過失不採取任何行動，卻深陷「自責深淵」難以脫身。相對地，若能爲自己的過失負責，不僅能從經驗中學習成長，還能修復人際關係，順利地往未來邁進。

長遠來看，無論是工作還是私底下，由衷道歉較能建立深厚的信賴關係。只要能以眞誠並體恤對方的方式道歉的話，對方也會感覺到「他能理解我」「他很看重我」。當對方接受你的道歉時，代表他正在建立與你之間的交情。這種解開敵對關係而建立起的交情，會比一般交情更深厚，未來遇到困境時更能一起攜手面對。

經過感謝信事件，讓我開始思考要如何解決自己「不會道歉」的弱點。實際上，我是在思考該如何說「謝謝」的過程中，理解到該如何說「對不起」。

二〇一二年，我和妹妹替「歐普拉電視網」（美國電視名人歐普拉開設的電視台）設計了個「感謝遊戲」。當時我被要求重新審視自己「道謝的方法」，所以開始構思能好好表達自己感謝之意的簡單方法。該如何說「謝謝」，才能讓對方感受到自己由衷的謝意？有沒有一種「道謝法」，能使充滿感激的自己從中獲得更多助益？透過科學研究，能找出想加深與對方之間的關係時最有效的「道謝法」嗎？

在這個研究中我歸納出四步驟，透過這些步驟，能有效傳達自己心中的感謝。

道謝的四步驟

一、思考對方使你覺得感激的行爲。具體地想一想對方採取哪種行動？做了哪些事、說了哪些話，或是給了自己哪些物品或感受？那時候對方爲此付費與否？

二、請試著說明對方爲你做的事，爲何會讓你想珍惜？爲何對方的行爲有幫助到你？這個行爲對你產生何種影響？

三、從對方的行爲指出對方的「個性和優點」。你正在評價對方的哪個部分呢？這個評價絕對不是針對他的行爲，而是針對「對方本身」。心胸寬大、知性、幽默感、努力或親切等，現在的你是在評價對方的哪項特質？

四、**說出能加深兩人關係的話**。

我試著舉例，照著這四步驟構成的道謝內容，大概會像這樣：

一、謝謝你上星期協助我完成專案，還爲此加班到很晚，眞的非常感謝你。我知道你非常累，也知道自己很愛把所有事攬在身上。

二、不過，我從不覺得這些事能自己一人完成。因爲有你的協助，讓這些事得以照計畫順利進行，沒有一件事被拖延到。

三、眞的非常感激能有像你一樣冷靜又值得信賴的同事。你是我們這個團隊重要的一員。

四、如果有機會的話，我想好好報答你這份恩情。日後如果需要幫忙時請別客氣儘管跟我說！

以這種方式表達「感謝」，不只對方會感到開心，也能加深兩人之間的羈絆。而我也在思考該如何回覆寫感謝信給我的學生時察覺到「道歉跟道謝的要點其實是一樣的」，只不過道歉的重點在於「自己做了什麼事，給對方帶來何種影響」。

透過四步驟可以幫助我們遠離「道歉陷阱」，將失敗轉變成「建立信賴關係的機會」，找回對方對自己的信任，同時加深彼此之間的關係。

有效的「道歉」要點

不論是透過電子郵件、電話、寫信、在公開場合，還是純個人道歉，「有效的道歉」要點如以下所列：

一、承認自己做了「需要道歉的事」。不要委婉地說或刻意繞圈子，直接明瞭地說出自己「做了什麼不應該做的事（或是該做而沒做的事）」。

二、指出自己的行爲造成對方那些損失。由於這件事使對方受到何種影響？損害有多少？

三、經過這個行爲跟失敗，你學到了哪些教訓。判斷失誤或試圖修正的「不良習慣」等，請指出所有造成你需要「道歉」的原因。

四、說些能修復彼此關係的話。強調想彌補對方的誠意，詢問對方對自己的要求，並說明未來該如何改進，不再重蹈覆轍。

不過，究竟什麼是有效的道歉呢？

以我無視學生「洋溢感謝之情的感謝信」後寫給對方的道歉內容爲例，一起來思考這個問題吧。

一、表示自己讀了她的感謝信後非常感動，同時爲自己並未立刻回信道歉。

二、說明自己因爲考慮到她沒立刻收到回信的心情，曾經打算「假裝一切都沒發生過」。

三、承認自己沒回信的失禮，解釋自己是因爲被別件事轉移注意力，所以才沒有立刻回信。

四、（爲了回應之前感謝信裡的內容）說些彼此間的美好回憶，表示自己非常希望日後還能跟她保持聯絡。

我簡潔又直接地道歉了。同時，我覺得自己變得有些弱小。以某個意義上來看，這算是我踏出重要的「道歉第一步」。由於和對方之間的關係變得更緊密穩固，相較之下我的道歉行爲帶給自己的罪惡感也因此減輕不少，在道歉的同時，其實也想著對方一定會原諒我吧（實際上對方也眞的原諒我了）。

對我來說，這件事是個讓我嘗試新方法來面對罪惡感和慚愧之意的好機會。另一方面，在這個經驗過後，面對其他事情或是更重要的事情時，我都會盡可能地早點道歉。像是忘記工作的截稿日期、忘了在工作上對同事表達感謝、沒有好好地回應家人對自己的照顧，或是因煩躁而突然對先生發脾氣等諸如此類。所以，感謝信的經驗就像是我重要的試金石般，當我想要找藉口或是隱瞞自己過失時，都能隨時找回正直又勇敢的自己，好好地認錯道歉。

不過要注意的是，前面提到的四步驟，並非可直接套用在道歉上的公式，這只是個當你眞心想道歉來彌補對方，或是想找回對方對你的信任時，幫助自己思考跟整理思緒的練習。

畢竟道歉時常常會迷失方向，而忘了先前提到能讓道歉更有效的四要點。像是完全沒認清自己的哪個行爲給對方何種影響，就急著發誓「不會再犯同樣的錯誤」；比起去了解「自己的行爲使對方受到那些損害」，更傾向找藉口說明「自己爲什麼會這麼做」。然後完全不給對方機會表達「對自己的要求」和「需要哪些補償和協助」，自顧自地道歉。

第七課・重點整理

❶ 道歉並非只有風險，也有好處。

❷ 有效的道歉會將「失敗」轉變成「建立信賴關係的機會」。

❸ 道歉跟道謝的要點相同。

LESSON 8

在意别人怎麼想的好處

—

當自己想完成大事時，
不去尋求他人建議是非常愚蠢的，
因爲有時他人的意見非常受用

—

一直以來，我們都被教導「不要在意他人看法」。

不論是賈伯斯給我們的建議：「不要因爲他人意見，扼殺了自己心裡的聲音」，還是歌手泰勒絲在自創曲〈統統甩掉〉（Shake It Off）裡的歌詞：「對我們抱有敵意的人只會一直說我們壞話吧」，都是這樣告訴我們的。

但是，在意他人對自己的看法，其實跟人類天性有關。實際上，人腦裡存在著心理學家所說的「社會認知」系統，會主動地在意他人的想法。

尤其我們對他人的評價會格外敏感。只要覺得自己被認可就會變得更有自信；只要被批評的話會因此無精打采，被拒絕的話會感到痛苦。這個與生俱來的天性，即使我們想擺脫也擺脫不了。

可是，在意他人看法，有時卻會阻礙我們成功及獲得幸福。以下兩種情況是最經典的模式。

第一，**太害怕被當成「壞人」**，所以不敢去做心裡眞正認爲「正確」的事，一心只想避開與對方的衝突。

第二，**想被認爲自己是個很厲害又有能力，非常聰明的人**。害怕暴露自己脆弱的一面，所以遲遲不敢下決定。結果變得太在意對方的看法，反而使自己開始鑽牛角尖。比方說，十分在乎他人對自己是否有負面評價，總覺得他人一定無時無刻觀察著自己。

這些「在意」的心情，都是源自「想讓對方接受自己」的欲望，這種欲望在我們心裡根深柢固，影響力極深，反倒使我們忽略了眞正該在意的「社會回饋」。

例如我前陣子參加爲經營能源產業人士開設的「開發領導力」講座。講座中，一位女經理分享剛當上團隊主管時的經驗。由於自己身處重男輕女的產業中，剛升上管理階級的她非常害怕讓別人看到自己「懦弱」的一面，所以上任後的她以「嚴苛無人性的管理法」取代先前的管理方式。

沒想到她帶領的團隊卻因此士氣大減，連帶影響到整體業績。那時候的她開始聆聽組員們的心聲，發現很多人都跟她反應「她的管理法令人不快，使整個職場充滿敵意。」聽了這些意見後的她開始反省，究竟她應該繼續現在的做法（為了不被小看而扮演嚴峻上司），努力提升周遭對她的評價；還是聽從大家的意見，改成能夠提升整體小組士氣的做法呢？

這位女經理選擇後者。結果，她也被周遭認為是個有能力又很體恤下屬的上司，得到了應有的回報（畢竟聽取意見，為了整體團隊改變做法需要相當的勇氣與魄力）。

究竟，我們該如何不被「不那麼重要的意見」蠱惑，並善用「在意他人看法」的優點呢？

正確在意「他人看法」的方法

①接受「無法滿足所有人」的事實

某個人的意見比其他人更重要，然後我們會變得一味在意對方的想法（像是家人、朋友或重要的人生導師）。不過，即使我們再怎麼想讓對方認可自己，也絕對不能忘記對方的目標跟價值觀並非隨時都跟自己相同。

舉例來說，我人生中得到過的最糟建議，來自史丹佛大學某位教師。當我剛開始教課時，他就我那份「對於教學的熱情」提出這個建議：「不要花太多時間在教學上。你只會浪費時間跟精力，讓自己無法專注在科學研究並發表研究結果等『眞正重要的事情』上。」

那時候的我原本十分在意他對我的看法，不過在他提出這個建議後，我發現他對於「教學」的看法對我來說並不是那麼重要。因此，我選擇專注追求自己的目標，不再去在意他對我「時間分配」的看法。

自己深愛的人們也不一定和自己的目標相同。雖然他們總是希望你幸福，但是同時也希望你永遠不變，或是能照著他們對你的期待成長。以我自己爲例，我是整個家族裡第一個搬離費城的人，從我祖父母那代開始大家就一直住在這裡。當初我決定要去波士頓讀大學時每個人都驚愕不已，更別說我要去離家鄉三千英哩之遠的史丹佛大學讀研究所！

雖然我了解家人們的想法，但我那時決定相信自己的直覺。我的選擇，也讓我發現全家人的價值觀——「教育」是一致的。如果我因爲在意與家人間的紛爭選擇在老家附近讀書的話，不知道會錯過多少機會（更重要的是，家人們現在都很支持我的選擇，這件事也證明「人會改變自己的想法，相信自己並努力必定會有回報」）。

② 尋求該如何達成目標的建議，而非是否該追求目標的意見

有時候他人的想法是我們重要的情報來源，幾乎沒有一家新創企業能靠一人獨自打天下就成功的。在面對人生裡重要的大事時，必定需要周遭的幫助，還能藉此察覺到自己無法發現的盲點——綁住自己的自以爲是或缺點。

當自己想完成大事時，不去尋求他人建議是非常愚蠢的，因爲有時他人的意見非常受用。尤其是那些了解你想做的事，知道哪些是爲你好的朋友跟同儕的意見特別實用。

尋求他人建議時，**問對問題**是個很重要的關鍵。不要只是盲目地丟出「我是不是該做這份工作？」這般問題，試著從讓對方了解你的目標爲何，開始發問吧。

跟對方分享當你在做這份工作時心裡感受到哪種期望與抱負之餘，也分享自己在這份工作裡的內心掙扎。試著拜託對方幫你思考實現期望跟抱負的最佳方法，或是構思化解內心擔憂的最佳方法。不要去問對方如果想改變自己人生的話這麼做妥不妥當，而是問對方爲了化理想爲行動的最佳方法，並且拜託對方支持自己。

③ 在重要目標上設定專屬自己的「成功標準」

究竟自己該如何判斷，現在從事的工作是不是自己想做的事呢？只要認清「對自己來說重要的事」，就能輕易地從他人那裡獲得一些徵兆，了解自己是否正在達成目標。例如身爲一位教師，我希望自己教給學生的不只是知識學問，更希望我的課能正面影響他們的人生。刺激學生去思考且懷疑他們的習慣跟刻板印象是我的目標之一，所以必須放棄去在意課堂裡的內容「會不會讓學生不開心」。

實際上，我透過所有的教學過程中了解到「學生會排斥的主題、練習跟功課」爲何。不但能藉此預測「學生會排斥的主題、練習跟功課」，還能料想到上課後會寄來的抱怨信與不滿。我把這些對我自己跟對我的課的「一時不滿」當成學習的一環，因爲學生一時的不滿對我來說並不能成爲我放棄教學的理由，也不能當做「我是糟糕教師」的象徵。其實，部分學生對我的不滿反而是種「成功象徵」——這件事比起時常滿足或取悅學生更爲重要。如果我每堂課都爲了讓學生認爲「自己是對的」，努力滿足他們的話，就會跟我想打造「引發改變的課」的目標相悖。

這種做法並不會「緩和別人懷疑自己能力時的痛苦」，也不會抹消「想讓人覺得自己是個很厲害的好人」等自然湧出的欲望。但卻能能幫助我們妥善處理「在意他人想法」的偏誤，並且在自己想法和他人不同時，賦予我們相信自我判斷的自信。

第八課・重點整理

❶ 接受「無法滿足所有人」的事實。即使很想讓他人認可自己，但對方認為重要的事，有時對自己來說並不重要。

❷ 尋求該如何達成目標的建議，而非徵求是否該追求目標的意見。

具體行動

・不要問對方「自己的想法妥不妥當」，改問對方「最佳方法」，並請對方支持自己。

❸ 在重要目標上設定專屬自己的「成功標準」。

LESSON 9
言行一致，有助加強心理素質？

—

努力讓自己「言行一致」，
不但能提升自己的企圖心及心理韌性，
還能強化職場人際關係

—

在上完課的某個夜晚，我跟其他教師坐成一圈，然後開始抱怨。這件事發生在位於北加州美麗太平洋沿岸的度假中心，我們這群教師為了史丹佛大學的一年期「關懷教育」相關認證學程齊聚於此授課，抱怨的那天正好是學程的第一天剛結束。

為了這個學程，大家花了好幾個月策畫，投入大量精神、精力與時間，只想令學生們從中獲得一些啟發。課程開始第一天，當然有許多使我們印象深刻、精神為之一振的時刻，另一方面，也察覺到一些問題。在五十位學生中，有極少數人會因為一些雞毛蒜皮的事一直抱怨。一位女性對著所有人表示：「我不滿意現在的位置安排」；某位男性在該堂課尚未結束前直說：「我在團體討論時完全沒發表到意見。」

每天課程結束後，教師們就會聚集在一起訂定明天的計畫。原本都會分享些「順利」或「不順利」的過程，再花時間分析整個情況並討論問題如何解決。不過，這天晚上或許是一日累積下來的疲憊，大家都脫離不了負面思考循環，滿口都是抱怨。像是學員無法壓抑自己的欲求以及不滿，以及這些人造成的混亂影響了全體等。

持續抱怨這些令人喪氣的事情約十五分鐘後，我突然察覺到一件事，並為此感到震驚。我發現我們現在正在做和口中批評的「學員行為」幾乎如出一轍的事。那天明明還有很多美好的事情發生，大部分學員非常積極地參與課程，但我們卻把注意力全集中在這些「讓人煩躁的事」上。就像那些抱怨的學員一樣，不去注意那些「美好的部分」，卻總對雞毛蒜皮的事感到不滿。

那時候的我們，正在做與課程內容完全相反的事。原本應該去欣賞那些事物美好的一面，藉此得到向未來前進的動力，卻在瑣碎的不滿上鑽牛角尖，滿腦子的負面思考使自己士氣大減。

一想到自己提倡的價值觀和實際行動之間的差異，就覺得好羞愧，所以我把這個觀察結果分享給其他教師，並提議花點時間，找回整個課程的初衷。

接著，我們改變話題，專注地討論「該如何運用重要的時間來相互協助」。然後再次將焦點集中在「該如何讓所有學生經歷最棒的體驗」。能夠重新找回言行合一的自己讓我十分開心，也因此能好好充電，面對明天的課程。

更讓我高興的是，剛剛那些「對學員的不滿」並沒有被學員們聽到。如果被聽到了，接下來一年的課程中，我們不但會失去所有學生的尊敬和信任，也無法再對他們提出任何建議了。

「言行不一」會影響且傳染他人

許多研究結果都顯示，**「言行一致」對握有權力或影響力的人來說特別重要**。身爲領導者，只要言論與行爲不符，就會被視爲違反「心理契約」（彼此內心理解默認，未被明文化的事情）。領導者顯而易見的僞善行爲，會損害與他人間的信賴關係，還有可能失去原有的權力與地位。實際上，光讓他人看到一個僞善行爲，就足以使一直以來塑造的「誠實」形象毀於一旦。

史丹佛大學商學院的研究也發現，領導者言行不一會使整個團體成員對彼此的信賴感大減。當團體裡位居高位的人展示出「毫無誠意」的一面時，其他人也會開始懷疑彼此是否也在「暗地裡捅刀」。

比方說，某個員工正好看到上司為一己之私說了個謊，那個員工會開始懷疑「這公司裡的其他人該不會也都很愛騙人吧。」然後決定自己也要做些「違背道德倫理的事」，或是覺得「企業價值這種東西本來就只是講好玩的」。

每當回想到我們這群教師專注於抱怨學員，缺乏對他們抱持同理心的「那時候」，就讓我忍不住思考：「如果當時的情況被學生撞見，整個團隊的信賴感都會因此下降吧？」不只是為了我們自己的名譽，也要為了遵守與學生間的「團體約定」，我們都必須實踐教學內容以身作則且言行一致，務必做到盡善盡美。

話雖如此，個人「誠實與否」的重要性，更深深影響到這些利益跟風險。如果我們個人的「言論」及「行動」不一致的話，等同自尋死路。當自己貫徹自我「言論」去行動時，會使自己更堅強。

仿冒品會使人變得多疑

美國北卡羅來納大學「決斷力研究中心」曾進行過一個「如果戴上仿冒的名牌太陽眼鏡時，會對一個人的心理造成什麼影響」的研究。結果令人大為吃驚。這實驗相當成功地凸顯「外在表現」和「眞實情況」之間的不一致。

研究發現，**身穿仿冒品會使一個人心理產生一股自我的不信任感**。這是在察覺到「僞裝」和「原始自我」間的差異後而出現的心理不適，這種「不信任感」是造成自己持續選擇「僞裝自己」行爲的主要原因。例如爲了自己的利益僞造業績。

有趣的是，戴著仿冒太陽眼鏡的人也容易懷疑他人「正在做壞事或是企圖掩蓋事實」。換句話說，**「不相信自己」的感覺和想法，反過來影響自己對他人的看法**——如果我用的是冒牌貨，那他用的也一定是——這就是言行不一會造成的另一種危害。爲了合理化「無法信任的自己」，開始覺得「周圍的人都不能相信」，於是漸漸地再也無法相信其他人，也無法去注意別人的優點。這種偏頗看法會影響到與他人的相處方式，只要偏頗心態一出現，即會不自覺地將自己引導至充滿偏頗的未來，和他人之間的交流如是，甚至勸他人「不要在意自己被信任與否」。

心理韌性來自「言行一致」

相反地，努力讓自己「言行一致」，不但能提升自己的企圖心及心理韌性，還能強化職場人際關係。我們應該都有過因爲累了、精神渙散或這麼做比較方便等理由，採取與自己價值觀不同的行動。**當貫徹理想變得困難時，不該選擇放棄理想，而是藉此機會重新鞏固自己的價值觀**。

我和那群教師夥伴在陷入挫折感的泥淖時，採取的解決方法就屬於這種方式。在察覺到自己的行爲後，將這整個過程轉變成喚回初衷的機會——和學員們將心比心，把注意力集中在「好事」上，接著專注於經營整體團隊。

當自己的理想目標變得明確，採取相應行動就會變得簡單許多。因爲在做決定的當下，我們就會去思考該實行的基本方針爲何？眞正的優先順序又是哪些？究竟想達成什麼目標？更重要的是，要如何去達成？爲了使一切順利進行下去，該抱持的價值觀又爲何？根據研究指出，**只要價值觀明確，並且以此深思熟慮的話，會減少「道德僞善」的發生率**。

當然，這整個過程並非做一次就好，而是要每天重複地去實行。

我每天早上，都會從思考自己的「中心價值」開始，接著確認當天的工作內容裡最重要的價值觀爲何。因爲我的行程太滿，太多事情要做，所以一早思考中心價值已變成我熱中的樂趣了。我料想自己會隨著工作時間的流逝，逐漸陷入「束手無策」「不耐」的情緒中，因此會事先提醒自己那天工作裡最重要的中心價值所在。

在史丹佛大學授課或指導工作坊時，我會發給學生一條寫著「想起自己的價值觀」的橡膠手環。每天都戴上手環時時自我警惕的學生不在少數，也有學生把它放在書桌上或車子儀表板上，我非常推薦大家持有一個可以隨時提醒自己「言行不一」或是「你正在做違背自己理想的事」的物品。

人不可能完美，可是我們能改變因一時迷失自己的「企圖心」導致的負面結果。別被困在不信任感及僞善的循環當中，請重新確立「眞正重要的事」。

第九課．重點整理

❶ 回想自己「真正想做的事」。只要釐清價值觀，即能減少「道德偽善」的發生率。

具體行動

・釐清「事物的優先順序」。
・釐清「欲達成的目標」。
・釐清「達成目標的方法」。

❷ 當事情不如想像般進行，重要的是不放棄，並將這個情況當成「重新確立自己價值觀的機會」。

❸請每天回想自己的「價值觀」。

具體行動

・人通常一忙就會忘記重要的事。記得一早就確認「今天最重要的事」「今天最有價值的事」為何。
・在一條橡膠手環寫上「想起自己的價值觀」後戴在身上也是一種方法。

LESSON 10
如何幫助團隊成長？

—

完全不發言、不對現場做任何貢獻的行爲，
其實正説明自己是如何看待與夥伴間的關係。

—

史丹佛大學裡的美國學生在入學時幾乎都以爲自己是理想學生，我把他們稱之爲「持續奉獻者」。

他們總是在課堂中踴躍發言，相信這種讓旁人覺得自己很聰明又非常認眞上課的行爲是非常重要的。

他們把自己的「奉獻」看成是令教授和其他學生佩服的絕佳機會，有時他們提出的疑問並不是因爲眞的有問題，而是爲了讓自己看起來比較聰明。

相反地，絕大多數外國學生入學時心裡認爲的理想學生樣貌和美國學生完全不同。

他們覺得「有禮貌的注視者」才是理想學生，所以比起自己主動發言，好好聆聽別人的話才能學到更多。因此外國學生對打斷教授説話有種抗拒感，而且對出風頭這件事沒什麼興趣。

時常發言的學生雖然會給人「很有自信」的印象，但對全班的學習來說完全沒有貢獻。他們所謂的貢獻只是自私，只爲了讓別人覺得自己很聰明，覺得自己好好地讀完了所有課本內容，以自己的意見說服其他學生等行爲都是爲了「自我滿足」。

另一方面，不管是因爲禮貌、沒自信還是純粹因爲習慣，由於各種理由不表達任何意見的學生也一樣對班上沒有任何貢獻。的確，有時候「多聽能學更多」，但是保持沉默很容易使自己被孤立。因爲其他學生無法從他們的意見裡得到任何幫助，教授也完全不會注意到自我主張少的他們。雖然他們跟強烈主張自己言論的學生相比可謂「善良市民」，但是卻無法跟其他人構築穩固關係。

我非常了解這件事，因爲我自己曾是個「安靜的學生」。

還在就讀研究所時，我很少在課堂上或是研究會議上發言，尤其是在許多教職員也出席的場合，我不發言的傾向會越趨嚴重。像是我一共花了五年攻讀心理學系博士班，那時心理學系每週都會舉辦一場學術研討會，所有學生跟教職員都一定得出席，當然我也不例外。

研討會時約有三十人齊聚會議室裡沿著一張大桌圍著坐，幾乎每週都會請來賓發表，其中大多是其他大學的心理專家。當他們發表完自己的學術研究後，就是大家一起討論的時間。

前三年以研究生身分參加這研討會時，我從未發言或發問過。雖然也有學生會發言，但是會議中並未強迫每個人都一定得發言。有時我也會覺得「這時候應該發言一下比較好」，不過只要一有這想法，即會緊張到心跳加速，完全無法發言，還會擔心自己的言論聽起來像在反駁前輩們的論點一樣，或是害怕自己的意見毫無深度。

某天，我跟參加過研討會的一位教授聊天，那時我是她人格心理學課的助教。當談到最近的研討會內容時，我跟她分享了自己的看法。此時，她對我說：「凱莉，你為什麼都不在研討會上發言呢？明明你的看法跟想法都那麼棒。」我對她竟然察覺到自己「都沒在研討會上發言過」這件事感到驚訝。我原先以為安靜待著就會成為不起眼的存在，從未想過有人會因為我的沉默而注意到我。

「不發言」本身，也在釋放一種訊息

那時我察覺到完全不發言、不對現場做任何貢獻的行為，其實正說明自己是如何看待與研究夥伴間的關係。雖然非我本意，不過我的行為就像是告訴周遭「我覺得不需要為這個場合做些貢獻」。

我最大的功課，就是要提起爲了在當下有所貢獻而「發言」的勇氣，藉此向其他人傳達「我也是研究團隊中的一份子」。

於是，我在下一週的研討會裡替自己設定一個目標——「不管客座講師是誰，都要提問或發言」。然後，我也眞的達成了。

雖然很緊張，像是突然被大型聚光燈照著一樣，不過順利達成目標了。

接著在下下週的研討會上，我也設定同一個目標，並且順利發言，這次的心理壓力比上次減輕許多。這個行動一直延續到年底。比起去思考該如何看起來更聰明或是說些有趣的話，我更在意自己的發言及問題會不會讓講師覺得開心。因爲我開始會思考自己的發言會不會使講師深思，然後成爲和我們分享更多事情的一個契機。先前和我聊天的那位教授也察覺到我的改變，她不只爲我的發言感到開心，更表示出自己的感動。邁入研究所第四年之後，我再也不需將「努力發言」設爲目標。那時候的我只要想到問題或點子，就會自然地發言，同時發現自己跟教職員間的關係變得更好。

讓我變得更會主張自我、不再消極的最大原因，就是改變「自己對發言這件事的看法」。選擇沉默不發言的我，總是在意他人如何看待自己，更準確的說，是在意比我更有知識的人們或老師前輩們對我的看法。一想到我的發言會成爲他們判斷或是批評我的契機，就很難去思考自己的發言會不會成為一種「讓整個團體有機會去經驗更多」的貢獻。

在我看來，我的許多學生都跟過去的我抱持相同想法。他們只專注在自己的表現上，因而無法從**自己的貢獻能幫助到班上的整個學習體系**這觀點去看事情。

當我能以更廣義的視角看待例會中自己所身負的角色定位時，我發現「貢獻」其實是我的一種責任所在。從我察覺到這點開始，即使有比我經驗豐富的人或是老師前輩在場，我也不再因為「我的意見不足掛齒」而畏縮。發言並為這個場合做出貢獻，讓我眞正地成為這個團隊裡的一員。

身為教師跟指導者，我認為自己最重要的責任就是協助所有學生眞正成為團隊中的一份子。我眞正的工作並不是讓人更會發言或是評論他人，而是營造出每個人都能表達心聲的「環境」。

為了完成這工作，其中一個方法就是由我來決定參與課程方針。無論學生多寡，我都會在課堂上訂定「有意義地貢獻」為主要授課方針。在每學期第一次上課時，我都會請學生特別注意三點。

為團隊貢獻的三個重點

① **上課時，發言過幾次**？

你在課堂上是不是幾乎沒發言過？還是在每節課都有發言？跟其他學生相比，你發言的頻率為何？

② **如何決定每次的言論內容**？

你發問時的問題是因為自己真的有疑問或是有興趣所以才問的呢？還是你是有企圖地在發問，或是為了震懾他人而發問的呢？為了提出獨特點子而發問的時候多嗎？自己的言論裡大多是指出問題還是提出解決方法呢？

雖然這些問題不一定有正確答案，不過藉由這些問題理解自己為何發言的「動機」是十分重要的。最優秀的發言者不是為了自己的興趣或利益發言，而是為了整個團體的目標（目的）發言。

③ **曾經為了貢獻他人做出哪些事**？

你覺得自己的存在及貢獻，有成功促使他人發言嗎？還是反而讓大家不想發言了呢？具攻擊性的對話會奪走他人發言的動力，造成對團體來說最糟糕的結果。正向樂觀的對話會賦予他人勇氣，引領整個團隊朝向更有效率的方向前進。所以，發言時特別留意自己的言論屬於哪種類型是非常重要的。

被認同的並非言論，而是態度

我會請學生思考如果貢獻範圍是一個天秤，兩邊分別是「保持沉默」跟「想要發言」兩種標準，現在的自己比較偏向哪種標準。接著告訴他們，必須盡可能令自己位居平衡點。總是想掌控所有言論的學生需要學習該如何當個好的聆聽者；幾乎不發言、不爲班級貢獻的人則需要學會跨出自己的「舒適圈」尋找發言機會。眞正「理想的發言者」能自在來回於這兩種標準間。他們不但會讓出機會給更多人發聲，也會勇敢地發表自己認爲有益的發言。

只要是我的課，一定都會將先前提到的三個「有意義地貢獻」要點告訴學生，我也因此發現MBA學生在保持兩者平衡這方面眞的很不拿手。他們總是想要「支配」整個場面，總會搶第一向客座講師發問，然後對其他學生的意見提出異議甚至批評。所以在面對MBA的學生時，會強調除了發言外，沉默也是他人評價自己的重要標準之一。接著以例子說明「你對所屬團體的態度也決定了你具有領導能力與否。」像是表現出「除了自己外，也對他人的貢獻有興趣」的一面。你的肢體語言給人何種感覺？別人在說話時，你以哪種方式去聆聽他的言論呢？對方是如何看待你的表情呢？

實在太多ＭＢＡ學生深信「上課時最重要的就是使自己成爲注目焦點後發問跟發表意見。」但是，實際上其他人注意的不單是你在發言的時候（或是沒發言的時候），而是關注你全部的一舉一動。有時候比起「發言」，選擇「沉默」並「展現出積極聽取他人想法的態度」更能幫助到整體。我衷心期盼ＭＢＡ的學生能了解並非頻繁發言才能展現其能力，透過肢體語言，或是在過程中沉默聆聽等，這些才是欲發揮自己領導能力所需的各種要點所在。

因爲當他們離開學生身分，以幹部、管理階層或經理人身分工作時，旁人會以「能引導出他人優點的能力」來評價他，而非「自己展現出的優秀程度」。

請仔細思考「有意義地貢獻」在整個交流過程中究竟有多重要。

無論是身處何種場合，當他人期待你發言，或是要求你發言時，請記得回想先前提到的三個針對「有意義地貢獻」的問題，然後思考現在的自己該怎麼做。你發言的次數跟長度爲何？你的言論內容是以哪種標準來決定的？爲了做出奉獻，你做了哪些努力？

以「廣義觀點」去定位自己在團體中的角色時，就能克服阻撓你做出眞正貢獻的阻礙。屆時，周遭認同你的不再是因爲言論，而是你的態度。

第十課・重點整理

❶ 重視如何對團隊「有意義地貢獻」。

具體行動

・不為了「表現自我」發言。

・為了「全體的共同目標」發言。

・理解自己「為何發言」的動機。

・留意「自己的言論有沒有賦予別人勇氣」。

❷ 積極地「聆聽」。

具體行動

・表現「肢體語言」也是種對團隊的貢獻。

・藉由聆聽對方發言、引導對方展現優點的方式為團隊做出貢獻。

第3章

心累了，怎麼辦？

幹勁並不會「消失殆盡」。
只要一個「想法」，
就能讓幹勁源源不絕。

LESSON 11

如何提升幹勁？

如果認爲目前在工作上沒有辦法得到滿足，
只要透過改變對工作的想法或處理方法，
就能有效解決。

「眞是沒幹勁。」這句話時常會聽見，不管是上司對表現不佳的下屬說、父母對兒女說，還是自己對自己說。「看起來沒有幹勁」這句話，彷彿在說幹勁是會消失的東西。

然而，**幹勁的「有無」只是一種幻想**。或許很多人會覺得幹勁是「有」和「沒有」的分別，或者也有人會覺得幹勁是會用完的。但是在心理學的世界裡，我們會說「幹勁並不是一種物品，又何來失去？」更何況人類其實是始終充滿熱情以及幹勁的。

提不起勁，是因爲找不到具體的改善方法。當抱怨「提不起勁工作」時，大多數情況只是你找不到具體方法，來滿足自己所擁有的熱情與幹勁而已。當這樣的欲求無法被滿足，就會感覺到想工作的能量正逐漸消散。

每個人身上都擁有三種「基本正向動力」。

①**關聯性**：感到與他人、群體或遠大的重要目的或目標有所連結。

②**自主性**：能夠自由決定左右人生的行動或選擇。根據自我意志採取行動或選擇，若能與重視的事物相一致的話，就能成為達成目標的助力。

③**熟練**：知道自己有能力處理眼前欲著手的事，或者知道自己能在某領域有所貢獻，同時可學習且提升能力至自感滿意程度。

當以上動力被滿足時，人們更加能體會到幸福感，變得更為健康，人生也會感到富足。而當我們能藉由工作來滿足這些欲求時，我們就能稱做「充滿幹勁」。

只不過人類也會被強烈的、完全相反的動力所驅動，那就是「想避開不愉悅的事」「想要立刻滿足」這種反面欲望。這些基於生存本能所產生的動力，讓我們比起滿足「遠大的意義或幸福」之需求，更容易把焦點放在「瞬間的苦痛與喜樂」上。

當覺得在工作上提不起幹勁時，大多情況是你感覺到自己的基本欲求之一或眾多欲求在職場上受阻。因爲基本動力沒有被滿足，所以「想要變得輕鬆」「想要立刻滿足」這些「反面衝動」就會越發顯著。若你沒有辦法找到體會「關係性」「自主性」及「熟練」的具體方法、只想避開不必要的努力或壓力的話，你越會這樣想。因此，避開不愉快的事、得到短期快樂這種「基本衝動」，就會優先成爲你的第一順位。所謂「幹勁消失」這件事，在大多數狀況下就是指這種狀態。就如同以下情形：星期一憂鬱、不想到公司上班，或耽溺於其他比較快樂的「消遣」、工作進度大拖延。

相對來說，當你發現工作上的努力或壓力至少跟「基本正向動力」其中之一相關時，就不會覺得你在忍受這份工作，反而此工作會使你更有幹勁。事實上，只要基本的欲望被滿足後，某種特別能量就會被釋放——感到身體精神奕奕或整個精神狀態變得樂觀的能量，也是當大家說「失去幹勁」時，多數人所欠缺的能量。

如果擁有滿足「自我能力」「與人相互關連」「自主性」這些欲求的工作、職場或同事時，不用說完全是最理想的狀態。但是，並不是每個人都這麼認爲，沒有幹勁的大多數人還是會說「自己的職場並沒有滿足自己的欲求」。他們常感覺到被孤立、任意對待，對於參加公司活動也是意志消沉。同時也覺得自己被隨意支配、被刻意針對，對不是自己選擇的工作方針或程序感到綁手綁腳，也會因爲自己受到挫折或是毫無成長而感到焦慮。如果你在工作上，基本動力一項都沒有被滿足，那將會是個大問題。但其實這跟「提不起幹勁」完全是兩回事，因爲爲了滿足這些欲求，你並不是無計可施。

幹勁不足並不是主要的問題，因爲一旦你注意到「重要的是找尋方法來滿足自己的欲求」，那你便能專注於眞正的問題上。也就是說，**如果認爲目前在工作上沒有辦法得到滿足，只要透過改變對工作的想法或處理方法，就能有效解決**。

運用「工作塑造」

滿足上述工作欲求的方法便是**工作塑造**，指**將工作從「被指使」的狀態，自我轉變爲「富成就感」的技巧**。此技巧有其效果，員工只要活用自己感興趣的事或強項，就能改變工作時的心態，提升工作的動力與品質。

工作塑造蘊含的意義是「爲了提高滿足感並能夠發揮全力，可以從細瑣的事開始，改變自己的工作」。這個「變化」就存在於你正從事的工作的程序之中。例如：把工作寫在待辦事項清單上、掌握最新科技的使用方法，或是撥空與潛在人脈聚會等，都能小幅改變「運用時間的方法」。另外也包含整理你的工作空間，爲了進行特定工作而尋找新的工作地點等這些職場上的「些微變化」。

根據關於工作塑造的調查發現，只要改變對工作的想法，就能產生最有意義的變化。

例如我們從前述提到的三個「基本正向動力」面向，思考工作和工作上人際關係的方法。

以下列舉三個問題，請讀者們一起與我思考。如果在這之中能夠發現至少一個可以滿足的答案的話，就一定能變得更有動力、更加有能量。如果能夠針對三個問題都研擬出改善對策的話，必定能改變工作時的心態。

提升幹勁的關鍵三提問

①**所謂職場上的人際關係之本質爲何？爲了深化這層關係你能有何作爲**？認眞思考職場上人際關係本質的方法，包含尋找深入了解同事的機會、指導後進或者在工作崗位上適時幫助需要幫忙的人。

②**在工作中，支持你持續付出的「目的」「願景」「遠大目標」爲何**？換句話說，當你回覆郵件、提出報告書、總計款項或參加會議時，對這些過程背後蘊含的「原因」之最好的解釋爲何？特別是在壓力罩頂、平凡的日常作業中，藉由思考原因，能夠提高在職場的自主性。

③**如何培育、提升自己的職涯？最快上手的方法爲何**？

能夠回答這些問題的關鍵就是具體思考。不論是溝通、時間管理、團隊管理等，這些日常工作都能視為學習或成長的機會。這些都是為了讓自己更上一層樓才設定的目標或課題，不需要上司特別的許可。不過話說回來，如果在工作上磨練自己、使自己進步都是為了「特定目標」的話，就欣然接受他人的援助吧！

對於「關聯性」，我特別喜歡一位從事監察人工作的學生教我的思維方法。因為她的工作是大部分時間都要前往不同職場，確認他們有沒有遵守規定及法規。所以她所到之處的那些職場員工都視她為敵，也漸漸讓她對工作失去幹勁。

她轉換想法，重新審視自己的工作責任，「我是來幫助他們遵守規定及法規的，目的是為了讓各個職場的員工能夠順利完成自己的工作。」令人驚訝的是在轉念之後，那些員工開始認為她的存在不是敵對的，而是來幫助他們的，許多人也就改變了「對她的態度」。更令人吃驚的是，他們變得比以前更信任她，常會主動告知關於需要被改正的違規事項。

她不只是深刻感受到職場的關係性和牽絆，同時透過改變她與督導職場的員工間關係的思考方式，工作進行起來也較為順利。然後她本身也變得更為「熟練」——知道自己的能耐，對他人付出，體驗到能夠滿足個人的進步或學習——也變得更能幫助他人「成功邁向目標並自我成長」。

第十一課．重點整理

❶ 幹勁的「有無」只是一種幻想。

❷ 沒有幹勁只是因為你找不到具體改善方法。

具體行動

・重要的是找尋方法來滿足自己的欲求。只要透過改變對工作的想法或處理方法，就能滿足基本要求。

❸ 運用「工作塑造」，將工作從「被指使」轉化為「富成就感」的技巧。

具體行動

・小幅改變你的工作程序或環境

※例——試著改變時間的使用方法。整理工作空間。為了進行特定的工作而尋找新的工作地點。

❹改變對工作的思考方式。

具體行動

・思考「工作」或「工作上的人際關係」，改變「看待工作的方式」。

LESSON 12
做得到的新年目標設定

—

只要你開始採取小行動，
大機會出現的機率將大大提高。

—

在新的一年開始時，很多人會設定個人或工作上的目標吧？但就算這樣，大多數的人仍會馬上放棄目標、設定錯誤的目標，或訂定達成目標的策略卻照樣迎來失敗。

到底該如何盡可能活用設定新年目標這種「本能」（強烈的意念）？我思考了很久。而我從接下來所述的四個重點，學到如何讓設定新年抱負的過程更有意義及效果。

設定理想的「新年目標」，必須留意以下四項重點。

①思考新的一年「你想如何成長」

設定目標時，不論是工作上或是個人的目標，都很容易誤設在升遷或具體業績這種「達成某種成果」上。但這些成果並不是單靠自己可以控制的事，所以如果太過聚焦在這件事（提出成果）上，會顯得太過偏離「主題」。

我們應該思考此成果隨後帶來的變化或成長，對於自己本身來說有什麼意義，而不是「達成了什麼」。請試著問問自己「想要成爲誰」或「想要成爲什麼樣的自己」。如果有特定結果不斷在腦海中浮現，就應該問問自己「透過什麼過程才能達成？」「什麼樣的選擇是必要的？」「應該強化自己的哪一部分？」

②「做什麼」之前，先想好「爲什麼」

一個「好目標」一定伴隨「行動」。也就是說，爲了接近目標，必定會有所行動。只是，這個行動發生前，你本身應該徹底理解爲什麼要這樣做，以及這樣做有什麼意義。

首先請從大範圍的「爲什麼」開始思考，這是一個輕鬆且有用的「練習」。爲什麼會發生這個變化？爲什麼想要達成那個目標？反覆詢問自己「爲什麼我想要那樣做？」

例如，問題最初的答案是「想要換工作」的話，接著就問自己「爲什麼想要換工作？」之後如果答案是「因爲覺得比起待在原職位，換到別的職場更有晉升機會」的話，那可試著問自己「爲什麼想要升遷？」

如此這般反覆幾次自問自答後，大多數人都能開始感受到內心深處眞正追求的那個「爲什麼」。例如：希望能更勇敢地貢獻、人生意義的探索、向未知挑戰的能力、想變得更自由、想要更安定的生活等。

直到無法再詢問更多「爲什麼」爲止，都請持續自我詢問「爲什麼」。這樣一來就能抵達隱藏在你目標裡的那個「原因」。研究表明追求那些「變化」的「內心深層動力」只要被發掘，不但更能爲目標奉獻，也較不容易放棄目標。

③設定具體的行動目標

要達成目標，必須以數個微小的「做什麼」來完成背後的「爲什麼」。爲了達成目標，具體選擇或行動爲何？不妨從一件小行動開始。

當達成遠大目標在前但卻不知道具體應該有何作爲時，我們難免會焦躁不安。因爲我們無法想像自己現在所做的事，會跟自己所求之事如何連結。若你一次跨太大步的話，結果將使你變得精疲力盡。

如果你眞的不想偏離新年目標的話，請告訴自己爲了接近此目標可以從踏出你所能想到的「最小的一步」開始也沒關係。那一小步只要限定在「比今天你所做之事更多一些」，就能往正確的方向前進。就算你覺得「這樣似乎不夠充分」，也請試著踏出與你遠大夢想相契合的「一小步」。也許是今天花十分鐘就能做到的事，對於你達成目標就會有所幫助。

從細微的事情開始的眞理是「踏出第一步，即使準備不充分也無所謂」。無論如何，先踏出第一步後續才有可能踏出更大的步伐。只要你開始採取小行動，大機會出現的機率將大大提高。

④大方接受援助

雖然有時候，我們會將新年的抱負或個人的目標設定在自己能力範圍內能完成的事，但是達成目標並不需要僅僅依靠一個人的力量。一旦你決定了目標，請試著思考你想得到什麼樣的幫助。你需要什麼樣的情報或力量？你會爲了改變自己或達成目標，而去從事能幫助自己的行爲嗎（例如參加研習）？

我經常向親近的同事或家人，以及自己重視的人訴說我的目標。我認爲若是重視你的人得知你的目標的話，一定會盡量提供幫助。通常我這麼做後，在這一年之間他們會不斷地給我支援。你覺得在人生當中，能夠幫助、鼓勵，有時甚至會和你一起努力的人，會是誰呢？

今年在工作上我最主要的目標是，將大家對我的關注，轉移到我尊敬或是我認爲應該爲人所知的組織或個人上。過去幾年的工作中，我回顧了最有意義、最能提升我工作滿足感的，就是達成這樣的目標。我發現對我來說，指導人們（藉由對話讓人們進行自我察覺以及建議他人，促使對方自發性的成長），是最好的「報酬」。我也發現大約五年前，我將「爲了指導他人，得增進自己的實力」設爲新年目標這件事，也成了今年目標設定的原因之一。

對我來說最深層的「原因」是「我因幫助相信自己的他人，而感到心情愉悅」。這種思維，超越往常教導學生的傳統指導方式，擴展到擔任幫助一個組織或專案發展的責任。達成這個目標的「行動」是，我決定在演講或接受訪問時提及自己覺得有好感的團體，自然而然地讓這個團體受到注目。我認爲這是我能做到的「微小行動」，每次實行時，我都樂在其中。

這樣的「微小行動」，就能成爲找尋遠大目標的幫助。舉例來說，我在訪問或演講中提及對某個團體的想法後，結果那個團體發來了希望我積極參與他們活動的邀請。我也實際擔任導師角色，對他們的業務相關內容提出建議。

我現在雖然還沒設定新一年工作上的大目標，但光是思考過程就讓我很期待。因爲只要相信「找到正確的『原因』，並至少實行一個微小『行動』，就能保持有意義的成長」，準沒錯。

迎接新年前必做的五件事

除了設定新年目標之外，我自己有喜歡的幾種「儀式」來慶祝過去的一年，以及準備迎接下一年。這些儀式沒有必要代替目標設定的儀式。但實際上這些儀式有其意義，既可以馬上實行，又能夠幫助設定滿懷希望、更加優質的目標。

①列出「今年最喜歡的回憶或成就」

根據研究顯示，透過回想自己的優點，可以增強忍耐力和意志力。而透過回顧過往，能增加幸福感。

當在思考將來的目標時，人們容易過度聚焦在「過去的自己多麼失敗」。但請對自己有點信心吧！當你用寬容的心對待自己，誠實回顧自己的人生時，你必能了解到自己已經完成了相當多的事情。只要你認識到自己的進步後，邁向新年的幹勁也會自然而然地湧現出來。

我今年的目標之一是寫完下一部著作，但我現在已經完成了。光是回想去年此時我是用多麼膽怯的心情來看待這個目標，對於新一年應該著手的事，就能樂觀看待。

②製作「人生感謝清單」

新年的確是思考「人生想要改變的事」的絕佳時機。但是爲了保持「更優質的思考途徑」來訂定目標，你應該先回想你所感謝的全部事物。事實上如果你先試著製作「感謝清單」，你會訝異這份清單會自然成爲你新一年的心願清單。你會明確了解到對自己重要的事是什麼，也能夠清楚看見自己將來會以什麼模樣存在。

③想像新一年的精彩花絮

在新年的時候，請試著列出五件「期待之事」。清單當然會有夢想實現的事，但也請包括「小確幸」在內爲佳。研究顯示，一個人精神是否健康的其中一個指標，就是能夠期待、品味未來將發生的樂趣的能力。

我本身最期待的，是踏上商學院課程的講台上，我認爲這是一個非常有創造性且愉快的挑戰。相同地，我也很期待幫忙計畫朋友的產前派對。我也希望明年的某個時機，能夠再次到訪日本。

④由「未來的自己」寫信給「現在的自己」

請試著想像自己在「已經達成明年最重要的目標」這個立場上，回顧那一年所發生之事。在信裡對盡己所能達成目標的「當時的自己」，述說具體感謝。或是由變得更聰明的「後年的自己」，寫給「那時的自己」一些充滿溫情的建議。根據某個研究指出，透過這樣的方式與「未來的自己」做連結，會將難度高的變化轉化成可能，也能幫助自己成功達成目標。

⑤新年目標，應包括社會參與

是誰決定新年抱負一定是得和自身相關的事？請試著接受參與如社區活動的各式活動，或其他你認為重要的事。請為了比自身更遠大的事盡一份責任。這份責任或許是給予你想支援的群體金錢上的支援，又或是立誓要花更多時間在重要的人際關係上，以及參加能讓你認為「比自我需求更重要」的活動。

我明年的目標之一，是積極參與動物救援團體。我希望透過當義工，或是以別種形式，定期支援活動。

第十二課・重點整理

❶ 思考新的一年「你想如何成長」？

具體行動

・不應思考成果，而是思考透過什麼過程達成。

・不應思考成果，而是思考該強化自己哪一個部分。

❷ 不是聚焦在想要達成的「行動」，而是「原因」。

具體行動

・如果將升遷當目標，就問自己「為什麼想升遷？」

❸設定具體行動目標。剛開始踏出太大步會容易疲憊。藉由微小的步伐當開端，就有跨成大步的可能。

❹接受周遭援助。達成目標不須僅依靠一人進行。將目標分享給珍重自己的人，就能從中得到幫助和激勵。

LESSON 13

如何培育「讓改變成眞」的動力？

只要懂得運用智慧與勇氣，
讓最重要的「改變」成眞即可。

在開始有關意志力的研討會或講座前，我總會對參加者傳遞一個重要觀念。那就是「期望改變的想法」與「達成改變的意志力」並不相同。人們總會將單純「期望改變的想法」，和將這件事化爲可能的「動力」混爲一談。

雖然你可能會毫無頭緒這到底是怎麼一回事，但實際上就是指**期望改變的想法，並不一定會成爲正確的動力**。「爲了達成自我改革的目標，首先有期望改變的想法是必要的」這件事無可厚非。但是，僅靠這點並不夠充分。我們還需要「正確」的「期望或欲求」。哪天當你內心出現「放棄還比較簡單」的想法時，這些「期望或欲求」會帶給你貫徹到底的力量。

心理學家們其實已經耗費很長時間，

想解開「有達成目標的人，但也有放棄的人是什麼原因？」這個謎團。曾有心理學家就「促成想改變的動力是什麼」為題進行研究。我們發現，在詢問受試者「你為什麼想要改變？」這個問題時，受試者回應的答案相當值得探究。

我們試舉「定期運動」這個目標當例子，這個目標也許是我參加研討會的學生所擁有的最普遍的目標。想要運動的理由不會只有一種，我們試從下列理由思考。

①定期使用公司健身中心，公司會給予特別補助或獎金。
②對自己的外型沒自信，為增加自信心而減重。
③覺得外表相當重要，想透過運動得到認同和稱讚。
④重視健康，認為只要運動就能變得更健康。
⑤對運動員或健身愛好者有憧憬，自己也想成為那樣。
⑥回想過往曾經非常喜歡運動，想再次體會運動的喜悅。

上述每一項都是不同動力，你覺得做為改變的理由，哪一項最有力？換句話說，你認為對貫徹「定期運動」這個目標最有幫助的是哪一個動力？相反地，動力最低的又是哪一項？

「自發性動力」欲求，目標更容易實現

針對這個問題的答案其實已顯而易見。研究顯示，④⑤⑥的理由比起①②③的理由更容易產生「定期運動」這個結果。④⑤⑥三項，是心理學家稱爲**自發性動力**的具體例子。這種動力不會覺得自己差人一等，也不追求讓周圍認可的「外部報酬」。單單只是內心深處亟欲改變的表徵罷了。它（動力）反映出對你來說重要的價值是什麼、你想成爲什麼樣的人、驅使你向目標前進的理由爲何。

以這樣的理由設定目標，日後的作爲就不太會偏離目標，也較容易成功。這樣的動力不限運動，如想提升成績、斷絕酗酒習慣或爲了將來而儲蓄等，都可發揮效用。

學生們告訴我爲什麼想定期運動的原因時，通常最常舉出的理由是②和③。而實際上參加研討會的人對我說過「想要改變」的原動力，是「不想再有羞恥的回憶」「想被稱讚」「想被認可」等這些理由。因此我向學生們建議如果想要讓目標容易實現，不妨「找尋期望變化的理由」「尋找幫助達成這些變化的動力」。各位讀者也請一起試著以這樣的前提，審視自己的目標。

請試著思考自己的目標——你想改變、改善、成長多少？然後問自己，「爲什麼你期望這個改變」「爲什麼你想達成這個目標」？

寫下一開始浮現在心中的理由，再思考看看這是屬於什麼類型的動力。

「爲什麼想改變」的思考重點

・你追求的是稱讚、金錢、升遷等「外部報酬」嗎？
・你以「不想出糗」這個想法爲優先考量嗎？
・你是否期望得到他人認可？
・此動力能否增進你的健康、提升幸福感、提高對工作的滿意度？以長遠目光來看是「提升生活品質」的嗎？
・此變化是否反應出你心裡眞正想要的形象而不是表面形象？
・此動力能夠讓你做想做的事，對這些事自然產生興趣？也能讓你與重視的人或群體消磨時間？

如果你認爲最強烈想要改變的動力符合後三項其中之一的話，能夠改變的可能性就較高。不論你最初的答案爲何，都能培育出將理想化爲實際的動力。

請試著思考看看最後三個提問。你所期望的變化是？

① 改善生活品質？
② 以「心目中理想形象」示人？
③ 接觸較有意義或有趣的事？

如果有價值的變化眞的發生的話，一定能符合上述列舉動力其中一項。理想狀況是能夠符合兩項，偶爾也會有想改變的事與三個動力全部連結的情況。

我在此介紹參加史丹佛大學意志力講座某位學生的案例。她與其他多數學生相同，目標都是「更頻繁地運動」。對於這些問題，她剛開始的回答是認爲自己的體型不好看，體重增加後身形走樣，都和對自己本身的失望有關。

我知道這樣的回答難以幫助她達成目標。她雖然擁有「想改變」這種強烈期望，但要保持運動習慣，光靠這個動力遠遠不足。因此，我請她試著思考其他動力，最後她發現了更正面的理由。

首先，她注意到她開始關心健康這件事。以前她都認爲運動只是使外貌變美的方法，並沒有充分理解所有訓練都是爲了自我照顧，也是對將來健康或幸福的投資這件事。透過留意到這件事，她回想起在健身房上團體課程是多麼愉快。也同時想起她多麼享受在舞蹈社群中的歸屬感，以及在定期出席課程時接受幫助。

再者，她也發現她其實是喜歡運動時的自己。原因並不是因爲變瘦，是因爲覺得運動時的自己宛如舞者一樣閃亮，所以才喜歡運動。

她最終達成目標。事實上她現在也有出席我的團體健身教室（教舞蹈與瑜伽是我的興趣之一）。

在這過程中因爲她發掘了更加正向的動力，所以她透過運動所得到的好處也變得更多，比起之前更能享受運動，也能細細品味撥出時間來運動的滿足感，同時也發現心情、精神與健康都變得更好。但如果她一開始只把想法放在最初的欲求上，也許就會錯過藉由連結「自發性動力」所產生的力量。

若是眞値得花時間和精力去追求的目標，一定能發現上述的動力存在。只是爲了發現這件事，必須傾聽自己內心的聲音。如果你認眞傾聽自己卻找不到動力的話，那有可能你的目標是不正確的，因爲來自內心的聲音會給自己最重要的感想。

你心中的期望並不需要全部化爲行動。只要懂得運用智慧與勇氣，讓最重要的「改變」成眞即可。

第十三課・重點整理

❶ 試著思考「自己的目標」——為什麼想改變？

具體行動

・問自己「為什麼想要改變」「為什麼想要達成這個目標」？

・寫下一開始浮現在心中的理由，再判斷其屬於何種動力。

❷ 如果想要改變的動力，符合「為什麼想改變」的思考重點後三項其中之一的話，改變的可能性就較高。

第 4 章

如何處理負能量？

一味逃避「負能量」，只會招來更多麻煩！
丟掉「不在意」的心態，
正視「爲何會在意？」的自我感受。

LESSON 14

擺脫「失敗反應」的惡性循環

—

有時候我們能從失敗跟來自他人的回饋中，
獲得讓自己升級的必要情報

—

我還記得，第一次在學生的「教師評鑑」裡拿到全數「負評」的情況。從第一項「嚴守時間」開始到「課程架構」「容易理解程度」及「對學生的用心程度」為止，每一項都被評了最低分。

「明明我都準時上下課，為什麼還有人在嚴守時間項目裡給最低分呢？」那時的我為此感到困惑。當然，也被這結果深深打擊。覺得在史丹佛大學學生心目中我是最糟糕的老師，恐怕還有學生認為從就學到現在沒看過這麼糟的老師。

面對這個結果，我最開始感受到的情緒是「丟臉」。覺得很重視教學的自己非常丟臉，連那個學期一直努力的過程，還有覺得自己「說不定很適合教職」的想法都看起來很蠢。一想到這，我就把所有評鑑表丟到回收桶去。

在那些評鑑表中，當然也有給高分而且寫著鼓勵與稱讚評語的「好評」。但對那時的我來說，只留下這些好評根本一點意義都沒有。因爲我開始厭惡自己的所做所爲，覺得自己所做的一切都充滿汙點。

在這個痛苦的情況下，我一點都不想思考有關教學的事，也不像以前那樣關心教學，所以把那些評鑑表都丟了。

雖然這件事大概發生在十幾年前，但就像昨天發生一樣記憶如新。即使現在已經了解「負評」這件事只不過是身爲教師或作家必須承擔的其中一部分，不過當受到嚴厲批評時心裡還是會受傷。

據說「需要二十個讚美才能消除一個批評」，要遺忘負面評價是非常困難的。因爲負評會讓我們不自覺想東想西，並爲此所苦，還會無法擺脫負面情緒。這種「容易悲觀傾向」深植在人心中，不單是面對批評，面對失敗時也會出現同樣現象。

「失敗」比「成功」更讓人在意

大部分的人都會記得自己的失敗或弱點，很少在意自己的成功跟強處。以某方面來看，負面傾向在我們的人生過程中扮演重要角色，它令我們注意到自己成長時必須去改正的部分。可是，時常會發生太過在意結果出現反效果的情況。因爲這個負面傾向導引出的大多不是正向動機，反倒是被稱爲**失敗反應**般的精神狀態。

失敗反應，是從感覺到失敗及拒絕的情緒後開始的「惡性循環」，這種情緒會讓我們誤以爲**這個負面經驗正在提醒我「我只是哪種人，所以只能做到那些事」**。也許你曾從這狀態裡察覺到正在思考「做這些又如何？」「做這些事有意義嗎？」的自己。失敗反應不僅會影響心理，還會影響生理。像是變得沒食欲、意志消沉，或開始酗酒等自暴自棄行爲。而當內心痛苦時也容易感到孤寂，覺得自己孤獨一人，比方說覺得別人都比自己幸福美滿，過著快樂人生。

失敗反應主要會「剝奪我們的目標和定位，讓你想遠離失敗或曾被拒絕過的人際關係」。所以當我們深陷失敗反應時，所有動力、希望，以及想跟他人交流的欲望都會消失。甚至最糟的狀況是開始想放棄自己，躲到自己的世界中無法冷靜思考該如何改善現有狀況。

不過，在這裡要告訴大家一個好消息。遭遇批評和失敗時出現的失敗反應，其實也能同時教會我們體會「自己眞正想改變的心情」，以及「失去改變動力的心情」。即使深陷負面悲觀思考中，也能擺脫絕望及敗北感的惡性循環，重回充滿積極正向動機的良性循環裡。

首先，**請先回想爲何這件事對自己來說很重要**。在自己非常在意的情況下失敗或被批評，就容易掉進失敗反應的漩渦中。如果一開始就不太在意的話，應該不會引起這麼大的反應才是。再者，**因爲在意，所以實際上以長遠角度來看才更容易成功並成長**——只要找到繼續前進的方法就好。

「不想再去在意」是剛開始陷入惡性循環時會浮現的念頭之一。因爲在意會使自己更痛苦，所以故意告訴自己「這沒什麼，一點都不重要」。結果，自己再也不願意花時間跟精力在上面，只見目標離自己越來越遠，與珍視的人也不再親密。

這個現象就是失敗反應帶給我們最大的負面影響。請試著思考如果十幾年前，第一次收到超級負評的我開始告訴自己「教學這種事不算什麼，不需要太過用心在意」的話，現在我的下場會如何。

欲擺脫失敗反應，最重要的就是**重拾對事情的在意感**。回想這件事對自己來說爲何重要的理由，並非企圖「隱藏、忽視」。即便回想的過程再怎麼痛苦，也要努力回想。

對我個人而言，自學生那裡收到負評或我的書被批評時，最棒的恢復特效藥就是去思考「自己多想幫助學生達成目標？」「自己想要幫助並激勵讀者嗎？」「心裡還有普及心理學知識的熱情嗎？」「是否還想鼓勵猶豫的人，提供更多情報給他們？」

如此改變自己的想法後，就能從丟臉或沒自信等情緒中轉移注意力，幫助自己重回正向樂觀動機的軌道上。

失敗感受到的情緒，代表你有無限潛力

當感到挫折時，請試著回想「這個目標、定位跟關係爲何這麼重要」的理由。爲什麼重要？現在的自己究竟想怎麼做？只需去思考這些事，就能幫助自己專注在心理學家所說的「比眼前目標更大的目標」上。「比眼前目標更大的目標」，意指超越稱讚及報酬等「個人成就及成功」範圍的目標。

例如反問自己持續在某方面鑽研的話，可以做出何種重要貢獻，並且該如何幫助自己珍惜的團體？如果想要成爲那種即使曾想放棄，但相信只要持續努力，就能在人際關係或職場上、甚至世界上大展身手的人的話，該怎麼做才好？請試著將現有狀況當成一種「學習成長」的機會，思考看看吧。

從失敗學習的想法並不新潮，我之前就在本書第一課裡寫過「成長心態」的重要性。

爲了要讓自己理解人有時就是會猶豫不決時，「成長心態」是非常重要的。而且，藉由自己的努力和身邊人的支持，挫折還能因此成爲學習與成長的催化劑。

有時候我們能從失敗跟來自他人的回饋中，獲得讓自己升級的必要情報。像幾年前我和一位同事一起在史丹佛大學開設了共同課程。這位同事深知該如何將自我經驗分享給學生的「訣竅」。在最後收回的「課程回饋表」中，有兩位學生表示「因爲另一位老師願意跟我們分享自己的經驗，覺得跟那位老師比較親近」。他們雖然深知我的課非常淺顯易懂，但希望能更了解我這個人。

看到這兩個學生的回饋後讓我大吃一驚，因爲我從未從這個角度思考過「教育」。雖然一開始這個回饋讓我有點失落，不過也成爲一種激勵，讓我開始思考跟學生更親近的方法。不但在課堂上表現得更直率，同時也開始思考該如何讓學生更信賴我。我曾向那位同事分享這兩個學生的回饋內容，並且詢問她對在課堂上透過個人故事來教學的想法（托學生的福，使我變得能將這些經驗分享給大家。幾年前的我根本無法將在課堂上得到負評這種丟臉的事公諸於世！）

但是，從回饋中學到的並非僅有「了解自己成長到何種程度」。我們也能從中體會到自己和他人不同之處，而且可以自行決定「該如何接受自己的不同」，而非一味將這個不同視爲「必須改正的弱點」。

我以前曾經寫過一本有關意志力的書，有人批評那本書的觀點太過樂觀。因爲我在書中不斷鼓勵讀者，讓那位書評家感到不耐，批評我是「典型的美國人」。書評家說在「人類應對變化的能力」這方面，他更喜歡觀點比我更悲觀的作者寫的有關意志力的作品的內容。

從這遺憾的書評中，我所得到的並非「應該更嚴厲地看待這個世界」等觀點，反而察覺到「相信人有改變的能力」，是我的價值觀裡的重要核心。而且，我不但由衷相信這點，就算其他人都不認同，我也認同自己這個信念。所以，我下定決心無論是在寫作、演講還是授課上，都要更強調這個價值觀，絕對不壓抑自己的樂觀主義。

除了我前面所述的方法外，從批評及失敗學習時還有許多能得到相同效果的方法。像是全盤接受所有回饋與批評，然後在下次行動中嘗試新方法。當然也能像身邊的人求助，或是將失敗與被拒絕的痛苦當成回想「對自己重要的事及理由」的契機。

請記得負面傾向及隨之而來的思考與情緒，並不是在向你說你沒有改變、成長或成功的能力。**失敗時感受到的弱點跟敏感之處，反而是在凸顯你的潛在能力。**

第十四課・重點整理

❶ 回想自己真正的心情，不隱藏。

具體行動

・經歷失敗與挫折時，不去想「這沒什麼，一點都不重要」。

・為了擺脫失敗反應，努力回想「這個目標、定位跟關係為何這麼重要」。

❷ 將挫折、失敗當成成長學習的機會。

❸ 受到批評時試著改變想法。從丟臉或沒自信等負面情緒中轉移注意力，讓自己找回正向樂觀的動力。

LESSON 15

沒自信，代表你值得信賴！

—

只要你和對方的關係並非虛情假意，
眞正的「自信」就會隨之而來。

—

最近有機會能跟史丹佛大學商學院的女學生們聊聊女性在學界或商界裡面對的困境，也因此了解到這些學生心裡最擔心的部分與「自信」有關。

她們深知展現自信的重要性，同時察覺到自己只要顯露出一點沒自信的模樣，就可能因身為女性或還年輕等各種理由，遭受差別待遇。因此，她們急迫地想知道該如何透過「自信」來掌控對方對自己的看法。像是該穿哪種衣服？該擺什麼姿勢？或是該用哪種肢體語言來表現才好？

其實，我認為她們的疑問來自於對「成功人士的自信」之誤解，尤其是有關新工作、新專案或新人際關係方面的自信。自信常常被定義成「強烈的信念與守則」，可是，當這定義套用在個人的成功或工作上的成功上時，究竟哪種信念才是正確答案，又或是守則目標該針對何處呢？成功的領導者常說：「所謂最重要的自信，是指『相信自己，且確信自己擁有能做到任何事的能力。』」同時建議大家「只要相信自己做得到，就能做到」。因爲沒自信，是無法出人頭地的最大因素。

另外，「盡己所能直到達成目標」——就算毫無自信，也要裝得自己很有自信的這個建議，跟剛剛提到的領導者想法相同。當然，問我該穿哪種衣服、該說哪些話題的女學生們，也受到這個想法的影響。

「自我效能」才是關鍵

我對「自信」的看法與上述不一樣。我認爲，最重要的並不是理所當然地相信自己「一定會成功」般帶些自傲的自信。心理學家稱爲**自我效能**的這種自信，比上述提到的各種自信類型都還重要。

「自我效能」意指**眼前的試煉，可經由努力或周遭的協助，以自己擁有的所有能力來跨越的信念**。

自己擁有的所有能力，包含耐力、幽默感、創造力，或是在難以成功的困境下也能倚賴的「強項」等。然而，即使用了這些能力，也無法保證一定會成功。

大部分自我效能強的人，都能在「謙虛」跟「自信」間取得良好平衡。這些人瞭解「眞正的自信，只能從累積時間經驗學來的智慧與成長中獲取。」他們不太會盲目地對自己的能力有信心，反而深信自我改善（自我修養）過程的重要性。從過去經驗中了解該如何有效學習，該如何建立人際關係，並且不認爲「單純地相信自己能成功」，就能讓一個人成功。

每次開始新的計畫或接觸新事物時，我都會預測自己一定會感覺到沒自信。如果不如預料般沒自信的話，反而還會因此覺得不安。結果，我瞭解到自己關心的所有事物都要透過練習、他人回饋、持續學習，以及對曾做過的事誠實地反省與內省後才能到手。對我來說，我最需要的自信，是相信自己雖然還不成熟，但是能夠「自我改善」。我能夠相信身邊的人，相信到能完全接納來自他們的建議與批評。

能培養這種自信的最佳方法是**回顧自己至今所有成長過程**。你眞的瞭解遇到挫折仍繼續努力可以提升工作能力或技能嗎？你認同工作或私底下的人際關係需要花時間才能鞏固嗎？你認同需要一點衝突才能建立眞正穩固的關係嗎？

我認爲這類的自信才是眞正重要的。不過，每當人們期望「自己在工作場合能變得更有自信」時，幾乎都不會想到這種自信。大部分的人會汲汲營營地採取以下任一種行爲。

某些人會努力地去培養能影響身邊人的能力，因爲他們想了解該如何讓自己看起來有能力、知識淵博，還很值得信賴的方法。另外，他們覺得這種做法最有機會成功。

另一種人則是完全不在意能不能影響身邊的人，只關心自己的事。這種人對沒自信這件事感到煩躁，想盡可能地不爲事煩心，希望能讓工作多點樂趣，從新的挑戰裡得到感動。

問我「該如何提升自信」的史丹佛學生們應該是受到這兩種行爲動機之影響。先不論她們究竟想變得更有自信的主要動機爲何，接下來我要介紹的「策略」，不僅可讓自己看起來「有能力且可信賴」，還能使自己變得更有自信。

讓自己看來有能力且可信賴的三個方法

① 將沒自信跟不安當成一種象徵，一種會好好珍惜自己、總是盡己所能，是值得信賴的人的象徵。

很多人都誤以爲「自信等於不會感到焦慮」，不過實際上並非如此。經驗豐富的領導者了解「焦慮會幫助一個人增長見識」，人欲成事，少不了焦慮這個副作用。有人常會因在重要場合裡時常感到「緊張」「沒自信」而困擾。但研究指出，當一個人由衷地接受「緊張跟沒自信都是很正常的狀態，也是成功助力」的事實時，周遭反而會覺得這個人「有自信且有能力」。

不過，這並非是在鼓勵你向周圍宣傳自己很不安，說著「對不起我很緊張！」或是「希望不要辜負你的期待！」重要的是，無論感受到何種情緒或想法，都要去接受它。同時，將自己當時該傳遞的訊息或該做的事確實完成，並且去關心在現場的人，不要完全專注在自己的情緒上。

② **開重要會議或與人商量討論前，給自己一點時間，思考這場會議的重要之處。**

平常不習慣去相信自己的人只要留點時間給自己思考，就不用再煩惱「該如何影響或說服他人」。煩惱該如何影響或說服他人的行爲，幾乎都只是在浪費精力，並且妨礙自己在別人心目中留下好印象的機會。研究結果指出，越想讓自己看起來有自信，越容易適得其反，讓自己看起來不誠實或冷酷。因爲太想跟對方好好交流當好朋友，變得太過在意自己的一舉一動，結果反而讓自己無法專心在面對對方上。

給自己時間思考的第二個優點，是不管自己想說明、推銷或是想著手的細節爲何，都能讓對方感受到自己滿腔的熱情。研究也證實，最能使對方留下印象的有效方法，就是自己的熱情。「表面上的熱情」就跟「不切實際的自信」一樣對自己沒有任何幫助。無論想賣什麼、想說明什麼事，或是想著手的內容爲何，只要去思考「自己在意的理由」，就能將熱情化做現實，傳達給對方。

③展開心胸，關心周遭的說話內容。

人會以「關心周遭人的程度及應對方法」來觀察「自信程度」。極爲不安的人通常會避開與對方的眼神交流，或是有可能會像讀劇本般加快講話速度。當別人問自己問題時，會完全不經思考地果斷回答問題，急著轉移在自己身上的焦點。有時還會將所有發生的事當做在攻擊自己，努力去保護自己本身、自己的立場或自家產品。相反地，有自信的人有更多從容與「包容力」，不論其他人說起或問起什麼，都深信「這是與對方溝通或和對方建立關係，甚至是學習的好機會」。通常這類人都是很好的傾聽者。

接下來要講的內容雖然很容易理解，不過仍值得特別指出來說明一下。越關心對方，越容易了解對方的需求。

了解對方的需求後，即能做出超出期望的「有效」對應。換句話說，與其以自己不堪一擊的「自信」去宣傳資訊（或是自己本身），不如讓對方對自己的能力跟可信賴程度留下「深刻印象」。

這三個祕訣的共通點，在於**轉換成能喚起更深層自我信賴感的「心態」**，並非爲了讓自己看起來有自信而去控制自己的行動，或是去說服自己「我很有自信」。不管對方只是一名客戶，還是人數多到能擠滿整個房間的同事們，只要你和對方的關係並非虛情假意，眞正的「自信」就會隨之而來。

第十五課．重點整理

❶培養自信的最佳方法，是回顧自己至今所有成長過程。

❷何謂有自信的人？「自我效能」強的人。

❸讓自己更有自信，並看起來「有能力且可信賴」的三個方法：

①將「沒自信」當成一種自己是值得信賴的人的象徵。

具體行動

・無論感受到何種情緒或想法，都要去接受它。

・將自己當時該傳遞的訊息或該做的事確實完成，並且去關心在現場的人。

②開重要會議或與人商量討論前，花點時間思考「這場會議的重要之處」。
③展開心胸，關心周遭的說話內容。

❹轉換成能喚起更深層自我信賴感的「心態」，不要為了讓自己看起來有自信而去控制自我行動，或是去說服自己「我很有自信」。

❺不管對方只是一名客戶，還是人數多到能擠滿整個房間的同事們，只要你和對方的關係並非虛情假意，真正的「自信」就會隨之而來。

LESSON 16

你就儘管見不得別人好！

在職場上的嫉妒有時能令自己更努力地工作，
或是化爲與前輩請益的契機。

聽到同事案子成功或升職時，你的心情如何呢？大部分的人應該都覺得心境有些複雜吧。一方面想祝福對方，可是另一方面又覺得有點嫉妒，或說不定是非常嫉妒。

當身邊的人成功時，我們會非常自然地開啓社會比較模式，也就是開始比較自己與對方的不同——「爲什麼是他不是我？」「她有我沒有的東西是什麼？」「我到底哪裡不好才到現在都還沒成功？」「我究竟能不能達成目標？」

「嫉妒」時常被視爲一種負面情緒。嫉妒會損害我們的自尊心，使我們心情低落、憤怒，有時還會破壞人際關係。只要一開始嫉妒某人，大部分的人都會想擊敗對方。像是暗地說對方壞話、期待對方的失敗。

如果把嫉妒情緒帶到職場上的話，不僅

會降低對工作的滿意度，還會破壞同事之間的團隊精神。因爲嫉妒職場裡的某人的話，不只會開始對對方懷有敵意，還會容易疏遠跟對方一起共事的人，使自己難以在工作上做出貢獻。

例如嫉妒某個同事的人，會不想跟工作夥伴一起擁有「共同目標」，也不相信當自己求助時會有人願意幫忙。而且，不僅不會想主動幫忙其他人，也不想去了解同事。

雖然嫉妒大部分都只帶來負面影響，不過有時候也會幫助到我們。比方說，**當自己開始嫉妒時，會使自己眞正想要的目標變得更明確，成爲更有動力去追求自己目標的誘因。在職場上的嫉妒有時能令自己更努力地工作，或是化爲與前輩請益的契機，幫助我們思考「是要爲了接近目標改變自己的做法，或是乾脆改變目標？」**

即便如此，「敵意」「自我批評」和「放棄目標」等「嫉妒本能」往往會妨礙我們去檢視嫉妒的優點。

究竟我們該怎麼做才能將負面的嫉妒情緒轉化成正面能量？接下來要介紹給大家駕馭這種難以處理、卻會激發自我動力的情緒，並從中獲取好處的三種方法。

將「嫉妒」轉變成正面助力的方法

①透露情緒給他人

調查發現「嫉妒是人們最不想承認的情緒」，因爲擔心自己的嫉妒一旦被發現會被人瞧不起。然後自己會因此失去理智，採取一些非理性的行動。如果此時自己的嫉妒仍繼續在心裡發酵，很容易就喪失自我，被心裡的嫉妒與憤怒束縛。另一方面，願意透露嫉妒情緒給他人的人，會比較容易因此遇到好事。

我常常會把我的嫉妒講給丈夫聽。幸運的是，除了我的丈夫外，還有許多可信任的友人當我的傾訴對象。對我來說，這些朋友最值得我敬愛的是，他們都了解「嫉妒雖然破壞力十足，但卻能從中學習與有所收穫」。因此，他們不會跟我一起責罵我的嫉妒對象，只是單純地理解我的心情，然後鼓勵我朝向我自己的目標努力。

如果身旁還沒有可以傾訴嫉妒情緒的朋友或同事的話，請試著尋找某個機會，展現自己能夠理解「被嫉妒情緒與自我批評束縛」的心情，且願意支持對方的機會。這行爲就是心理學家所謂**「在社會關係中，對某人做自己心裡渴望被對待的行爲」**的實例。對他人實行自己心中渴望被對待的行爲，是建立強力支持關係最有效的方法。

② 嫉妒是「欲求的象徵」

我了解到最有益的嫉妒情緒，是「對方達成何事或做出何種成果時出現的嫉妒」，而非「某人被認可時出現的嫉妒（如得獎、作品大賣）」。當我腦海中浮現「這個活動的講師如果我也能參與就好了」，或是「如果我也能像她一樣跟同事關係好的話就好了」的想法時，其實我的內心正在告訴我一件非常重要的事——這些可能都是你人生裡不足的部分，你一定可以找出這些部分，並且將其做好。

實際上，**嫉妒情緒時常幫助我鼓起勇氣去挑戰平常不敢嘗試的各種機會**。十幾年前，我因爲嫉妒某位踢拳（Kickboxing）教練，促成我去考取團體體適能教師資格。我也因爲嫉妒某個作家能在廣播裡談論自己的著作，才成爲我決心寫出自己喜歡的心理學書籍的契機。

當自己的嫉妒屬於這類型時請特別留意，像是問問嫉妒同事升職的自己，爲何那份工作對你來說如此有魅力？是因爲同事被認可，還是因爲薪水很高？或者是你眞心想要累積有關那工作的經驗？只要好好思考，找出隱藏在稱讚或金錢背後那個更讓你渴求的目標，就能理解自己究竟爲何會嫉妒對方了。

找到那個目標後，記得採取必要行動，試著挑戰去達成該目標。把嫉妒情緒視爲「引發行爲的契機」來善用，不要把它當成「批評自己的材料」。將自己嫉妒的那個人當成

「誘發你找回自我可能性的契機」，就算那個人已經成功，也不代表你已無法獲得自己渴求的一切。相反地，這種「強烈情緒」即爲「你也許能做到相同，或是類似的事」的最佳證明。

只要察覺到這個實際情況，就能較輕鬆解開「失去自信」和「敵意」這兩種嫉妒裡的負面影響帶來的束縛。

③ 即使嫉妒，也要祝賀對方

人會不自覺地用各種方式去避開自己嫉妒的對象，例如避免在工作上負責同一個專案，或是避開在走廊上遇到時的無心交流等。因爲看到他，就會想起自己的不足與日常生活中感受到的不公平，光是待在對方身邊就感到痛苦。

不過，像這樣避開對方是極大的錯誤，因爲**你的嫉妒對象並不是你的敵人**。他們是你的「潛在盟友」，也是你最佳的指導者。極端一點來說，就算現在跟你彼此競爭的人，日後也有可能會成爲時常共事的同事。如果現在避開這個人，有可能就是在避開未來可能會對你來說很重要的「互助好夥伴」。要是現在加深與對方的關係，也許能因此被他們的成功「傳染」也說不定。

包含同事在內，想要跟任何人建立起深刻關係的最佳方法，就是由衷祝賀對方的成功與幸運。欲做到這點，需要將心態切換才行，「半吊子的祝賀」很容易被識破（而且會更凸顯出你缺乏真心那一面）。想要由衷地祝賀對方，必須先做到剛剛介紹的前二個建議。

另外，找回正確心態的同時，能幫你察覺到在對方的成功背後遇過的「掙扎」。即使對方看起來很成功，其實大多時候對方現實生活情況是非常複雜的。不用去了解細節，也能簡單想像得到對方為了達成目標花了多少心思及努力。或許他為了成功而犧牲了人際關係、健康或其他目標也說不定，而且他可能跟你一樣非常熱切希望自己在貢獻些什麼後讓他人認同自己的努力。

如此思考之後，即使心裡某個角落仍有「如果這份幸運是降臨在我身上就好了」的想法，還是能由衷地跟對方相互分享幸運。

這種心態的轉變真的可以將「名為嫉妒的毒」完全消除。只有在抱持「不應該成功的人竟然成功了」「因為幸福降臨在他身上，所以我永遠都不可能幸福。」等想法的時候，嫉妒才會真正地破壞你的幸福。相反地，如果你願意傾聽自己「嫉妒的心情」，並且培養出能為他人的成功感到高興的能力，就能開拓自己那條朝向成功與幸福的大道。

第十六課・重點整理

❶ **透露情緒給他人。**

❷ **了解嫉妒是「欲求的象徵」。**

具體行動

・捫心自問嫉妒的原因為何。在仔細思考的過程中，會逐漸了解自己究竟被哪個部分牽引。

・採取達成目的所必要的行動，並試著挑戰。把嫉妒情緒視為「引發行為的契機」來善用，不要當成「批評自己的材料」。

❸即使嫉妒，也要祝賀對方。

❹「不應該成功的人竟然成功了。」「因為幸福降臨在他身上，所以我永遠都不可能幸福了。」只有出現這些想法時，嫉妒才會真正地破壞你的幸福。

LESSON 17

謝謝你，背地批評

—

有時散布流言，
可能是個寬大且有勇氣的行動。

—

美國人從小就被教導：「如果說不出好話的話，乾脆什麼都不要說。」這不只是在教孩子說別人壞話是「不禮貌」的事，也在教孩子要向身邊的人表現出自己不只是孩子，也是個「人」。

不過，即使從小接受這種教誨，也很難壓抑心裡想批評他人的衝動——尤其是在背後批評的衝動。不過，壓抑不了這種衝動也不代表自己一定是個卑鄙小人。有時候，**批評是種表示親切的行爲**。只要了解這之間微妙的差異，就能理解爲何會想在他人背後批評的衝動，也能明白當身邊人說起有關他人的傳聞時該如何反應。欲處理這股衝動的最佳辦法，並非閉口不說不想，反而是要去理解它。

為什麼會這麼想在背後批評他人呢？最常見的動機，是為了**宣傳自己**。根據某項調查顯示，人會在背後批評的對象包含同事、對手、有權勢的人或「離自己目標很近」的人。實際上，容易成為流言主角的，就是「自己視為對手的人」。因為暗地裡說對手壞話是最快能提升自己自尊心的行為，同時讓自己看起來比較優秀的方法。

很多人為了紓解自己的不安及缺乏自信，就會開始說些負面批評。只要大聲批評他人，就能減少心中對自我的批評。當然，也會希望聽到自己負面言論的聽眾，可以因此開始覺得「你跟對手不一樣」。像是覺得你比對手更積極處理各項事物，既正直又充滿知性等正面評價。

但是，這些負面批評並非都只是因為想沉浸在優越感中，有時散布流言可能是個寬大且有勇氣的行動。

美國加州大學柏克萊分校曾有群學者專門研究「為何人會想在背地批評」？他們的研究讓我們了解到這種衝動其實是種**利社會行為**（與反社會相反，以積極態度面對他人，或欲幫助他人的行為），來自**分享情報以幫助他人**的期望。

其實，當某人態度不良時，最具利他個性（以他人利益為優先）的人會最先出聲糾正對方。即便可能會因此出現不利自己的流言，損害到自己的社會評價，或是根本不會讓自己獲得任何回報，這些人就是會立刻出聲糾正。然後糾正過後，他們的心情會變得輕鬆許多。這情況跟從事親切行爲一樣，當人在說「利他」批評時，會讓自己心情變好，因爲自己正將痛苦的狀態轉變成「正向行爲」。

例如目擊同事偷懶、說謊，或做了不利小組專案的事時，我們會自然地感到挫折、憤怒或疏遠。心裡的這種情緒會威脅到「團隊歸屬感」與「和同事間的團隊意識」。

研究指出，紓緩這種痛苦情況的最佳方法，就是**將自己發現的情況分享給對這件事有興趣（有利害關係）的人**，例如向上司報告違規行爲，或是直接和同事講明。因爲這麼做也許就能找回團隊歸屬感，還能展現自己對他人的信任感，進而防止未來可能會發生的最糟情況。採取這行動所得到的「情感回饋」，和「幫助遭遇個人損失的人」「給予工作上遭遇挫折的後輩建議」等「心理層面優點」有相通之處，都能將負面經驗轉換成幫助他人的機會。

以「利社會行爲」爲出發點，委婉地批評他人的話，有時會使人際關係更爲鞏固。荷蘭格羅寧根大學社會學家曾經花了一年時間觀察某家企業的員工，藉以調查「同事間如何建立友情」。結果發現，**只要某位員工和他人分享傳聞，彼此變成好友的可能性即會逐漸增高**。

在朋友之間，傳聞是「想讓關係變得更好」的徵兆。分享傳聞的行爲同時也表示著

「相信對方」與「覺得這件事對對方有好處」。

可是，這個「傳聞法則」難道沒有例外嗎？根據調查結果顯示，「頻繁且無差別地散播傳聞的員工」，在公司裡幾乎沒朋友。因爲這種人心裡「想散播負面情報」的心情，消滅了原先的信賴跟善意訊號。另外，光會說傳聞的人常被認爲「想提高自尊心」「會因爲別人失敗而欣喜」。

人能看穿傳聞背後的動機

研究發現，人似乎能看穿「傳聞背後的動機」。如果動機的確屬於「利社會行爲」，聽者也會察覺到這件事，並在心裡幫分享傳聞的人加分。相反地，如果言論內容只是想提高自己的地位而貶低其他同事，聽者同樣會察覺到這件事，然後不再把你當成「關係好的人」，或是能夠談論機密情報的「可信賴對象」。而且，如果定期地在背後說別人壞話的話，很有可能會被排除在重要會議或重要話題之外。

我身旁有位同事即屬於這種人。她第一次跟我說話時都是些表面稱讚他人的內容，但之後察覺到她會一直在背後說別人壞話，讓我不禁想像當我不在的時候，她會在背後怎麼說我。

正因爲如此，不管批評或傳聞內容爲何，都一定要在說出口前好好「確認」自己的動機。像我就發現自己容易在因他人違反道德時，以及思緒陷入混亂時說別人壞話。像是問朋友或同事「爲什麼他身爲這團隊的一員，而且我們這麼信任他，他卻還會做出這種事？」這種對話內容有時會被加油添醋，甚至添加不少負面情報。對我來說，主動去發現內容裡的不對勁之處是非常重要的。察覺到自己的狀態之後，我會努力地修正整個對話方向，使其往「彼此共有的價值觀」或是「想幫助整個團隊」前進。我也因爲這種做法，跟許多遇到相同問題的人變成好朋友。

請試著找出當被心中想傳播負面傳聞的欲望沖昏頭時，能幫助自己冷靜觀察自我狀態的方法。像是發現自己的談話內容只是想滿足心裡的情緒欲望，或是只想展現自己能力時，去思考身邊有沒有可以安心傾訴的夥伴在？或是去思考有沒有別的方法能向別人展現自己的價值所在？如果只是因爲想跟他人建立關係而一直散播傳聞的話，請先試著以別種手段來滿足自己的需求，像是拜託對方分享一下想法、日常生活、興趣或經驗談等。如果同事試圖以傳聞來跟你打好關係，你也可以透過冷靜觀察的方法，讓整個對話往好的方向前進。

不過，若是心裡感覺到「很想分享這個能幫助人的情報」的話，千萬不要因爲會變成說別人壞話而閉口不語。因此這節開頭裡介紹的「如果說不出好話的話，乾脆什麼都不要說」不一定是個好建議。相反地，如果想說不太好的事的話，記得先確定說此事的理由是否正當。然後再鼓起勇氣，同時兼顧貼心地說出這件事，會是個很好的方法。

第十七課・重點整理

❶ 想在背後批評的衝動，有時是種表示親切的行為。

❷ 想在「背地批評」的動機，也可能是為了「宣傳自己」。

❸ 很多人為了紓解自己的不安及沒自信，就會開始說些負面批評。

❹ 以勇氣及貼心說出「為他人好的傳聞」。

❺ 被想傳播負面傳聞欲望沖昏頭時，客觀地觀察自我狀態。

具體行動

・發現自己的談話內容只是想滿足心裡的情緒和欲望，或是只想展現自己能力時，把這個想法告訴身邊可安心傾訴的人。或是思考有沒有別的方法能向別人展現自己的價值所在。

・以拜託對方分享一下想法、日常生活、興趣或經驗談，來代替說他人傳聞。

LESSON 18
從今天起，「不」拋開焦慮

—

即使我們討厭不安，
但不安其實是能令我們繼續努力的重要關鍵。

—

爲了一場重要的發表會，你花了整整一星期準備。再過幾分鐘就要正式開場，而你開始緊張，心裡充滿不安，覺得心跳加速、冷汗直流，甚至腸胃絞痛。

如果你只是個一般人的話，應該會覺得這種不安會讓自己的表現變差吧。你會把不安造成的身體變化當成搞砸一切的前兆，害怕焦慮會讓所有事前準備功虧一簣。對所有在壓力下工作的專家來說，「想到達最佳狀態一定要消除不安」應該是共通想法。實際上，哈佛大學商學院的研究學者進行的調查中也顯示，認爲「在重大發表會前若感到不安，最重要的就是先讓自己冷靜下來」的人，約占整體九一%。

而我，也曾經這麼認爲過。

「每當要在衆人面前做簡報就會開始感

到焦慮」這個問題，一直困擾著我。身為學者，當我準備上台演講、上課或是接受重要採訪時總會不由自主地感到不安，十幾年來情況未曾改變。

因此，我總是認為無法保持冷靜的自己，一定有問題。

「不安」賦予我們邁向成功的能量

但是，最新的行為研究卻顯示出跟這個情況截然不同的結果。即使我們討厭不安，但不安其實是能令我們繼續努力下去的重要關鍵。

首先要了解的是，**所謂不安，是為了讓我們盡全力打拚才出現的**。我們先試著舉出幾個緊張時會出現的症狀跟感覺：心跳加速、呼吸變亂又變快、突然飆汗、坐立不安、焦慮，或是莫名興奮。這些症狀，其實都是大腦跟身體為了賦予我們邁向成功的能量時，伴隨而來的一種「象徵」。這種身體症狀被稱為**挑戰反應**，是生物本能之一，主要在幫我們統整達成重要任務時所必備的力量。

你的腎上腺會開始分泌腎上腺素，讓你的身心處於活躍狀態，像心跳加速、脈搏加快或呼吸急促等症狀，都是為了傳遞更多能量給大腦和身體。身體緊繃是因為肌肉為了讓你能立即採取行動而隨時待命。

感到不安時，五感會變得更敏感。瞳孔擴張讓眼睛能接收更多光線；聽覺也變得敏銳，使注意力得以集中在「當下」。

這些身體變化，能幫助我們更快理解目前身處的狀況。焦慮不安就是有如此的功用，令人變得更靈敏，隨時做好對應事物變化的準備。

不安時的心跳加速是「挑戰反應」

不安時的心跳加速其實也是「挑戰反應」的一種。消化器官上有著幾百萬個神經細胞，它們會對人的思考或情緒做出反應。在重要會議或發表會前，如果感到胃絞痛的話，代表消化器官正在跟你說「接下來要面對的是非常重要的場面」。這種症狀並非「搞砸一切的徵兆」，反而是身體理解到「你要面對挑戰（工作或問題）的時機到了！」的徵兆。

甚至有心理學家認爲，**心跳加速是直覺變敏銳的象徵**。

這種「被加強的自我意識」會幫助我們在重要場合中爲了拿出最佳表現而努力。

即使大家都相信「不安引起的身體反應會妨礙表現」，不過實際上從結果看來，緊張的人會比完全放鬆的人表現更佳。例如壓力反應旺盛的運動選手通常競爭力較高；考試前腎上腺素分泌較多的學生得分會較高。就算在看起來「冷靜」會比緊張好的情況下，充滿不安時的表現反而能在壓力狀態中表現得更好。

有一項令人感到驚訝的研究結果顯示，在和綁匪談判時，心跳會逐漸加速的警察，比較不會誤射到人質。其實，如敲木魚般跳動的心臟，最能在高風險的情況下助我們一臂之力。

如何看待不安，是重要關鍵

不想被不安打亂腳步，又想反過來借用不安的力量的話，最重要的關鍵就在**你如何看待不安**。認為「不安總是在扯自己後腿」的人，容易耗費精力在壓抑不安上。壓抑不安不只相當困難，還會分散自己的注意力。根據研究指出，越想讓自己冷靜就越容易緊張，甚至讓自己的表現一敗塗地。如果認為不安是種障礙的話，自己容易喪失自信，感覺無力。相反地，最新研究發現如果能接納不安，甚至進一步積極地去接納不安，不安就能幫助我們面對困難。

比方說，在某個研究裡，實驗者曾把即將上台演講的人們分成「興奮組」與「冷靜組」，並分別告知以下兩種建議：跟自己說「我好興奮喔！」，或是告訴自己要冷靜——

就像大部分人會做的那樣。結果，這兩種做法都無法消除講者的焦慮不安，兩組受試者皆表示「在演講時還是一樣覺得不安」。可是，**將焦慮視爲「興奮」的受試者表示自己變得較有自信，感覺自己已經做好心理準備**。另外，聽者也認爲「興奮組」講者述說的內容比較有說服力，看起來比「冷靜組」還厲害。

除此之外，許多研究也得出相同結論。只要接納不安，並且告訴自己「不安會幫助自己」，人會變得更有自信，演講時的表現也會更好。

這種狀態也能套用在「考試」或「唱歌」等一次決勝負這類容易讓人緊張的狀況（沒錯，研究顯示能接納不安的人，唱歌比較不會走音，能唱的更好！）

現在的我若是在演講或簡報前不會感到不安的話，反而會開始擔心。甚至若在演講或簡報前不像以前一樣坐立不安，我還會故意模擬不安時的狀態！比方說在專題演講前，我會在飯店房間裡放著我愛的歌大跳一曲；接受廣播的直播專訪時，我會先做個開合跳，讓腎上腺素充滿全身；在史丹佛教課前，我最愛快步跨過整個校園，因爲這樣做心臟就會激烈跳動，有時還會微微流汗。

雖然不安能讓我們短時間充滿精力，可是長時間下來「疲勞會加倍」也是不爭事實。當這個狀態持續一陣子後，不禁會令我開始思考「是不是該找壓力小一點的工作」，也曾想過「我可能沒有足夠能力勝任這份工作」，或是「沒有把握可以持續下去」等。實際上，與慢性不安持續奮鬥的人，的確容易因工作壓力大，感到自己精力逐漸消耗殆盡。

不過，即使這種疲勞感眞的是不安造成的，但是眞正消耗精力的原因，說不定是我們**持續地想控制或壓抑不安的行爲**。因此，面對不安時若採取樂觀積極態度的話，或許就能預防因工作壓力大而燃燒殆盡了。

比方說，德國不萊梅雅各布大學的研究學者花了一年時間追蹤一般職員的生活。調查期間，請受試者定期回報他們對不安的想法，還有在工作上的不安。

究竟不安對我們來說，是有益且賦予我們專注力或活力，還是會削弱我們的力量？

一年後，結果顯示將不安視爲精力來源，而非「應修正的問題」的職員們，覺得「不再對工作感到精疲力盡，也不太會焦躁或疲倦」。他們不再爲慢性壓力與不安造成的「典型症狀」所苦。

就算現在的你仍認爲「不安是精力消耗的原因」，只要能改變想法，認爲「不安能帶來活力」的話，即可遠離精疲力盡症候群的魔掌。葡萄牙里斯本大學的學者爲了測試這個**嘗試不安**理論，曾要求學生完成名爲「越來越難的六十個問題」智力測驗。而且爲了施加更多壓力給他們，學者刻意告訴學生「盡可能在不犯錯情況下快速完成這些問題。成績排名在前一〇%的人可以拿到獎金。」

測驗開始前，實驗者把學生分成兩組，分別給他們以下兩種建議：「覺得不安時，試著利用這個不安讓自己在這個測驗中盡全力」或「覺得不安時，試著專注在問題上，努力讓自己拿到好成績」。接著測驗結束後，測量他們身心上消耗多少精力。

壓力反應一出現，代表採取下個行動的準備

結果，聽從「不安會帶來活力」建議的學生幾乎都不覺得疲累。這群學生跟其他學生處於相同的壓力下，同樣盡全力去面對測驗，也一樣感到不安。可是，他們選擇將不安當成「可利用的精力」，並非「需壓抑的感受」，因而免於筋疲力盡的結果。

所有的關鍵就在想起不安如何在壓力下幫助我們。請試著告訴自己，每當自己被不安驅使著從事「壓力大的工作」時，這個效果會越見明顯。**只要將「不安」視爲「力量」，即能增加自己的活力與自信，就算處於壓力下也能做出成果來**。察覺到自己呼吸、心跳加速的時候，別忘了這是「身體發出的訊號」，它正努力地提供你能量；若是發現身體某個部分處於緊張狀態，代表身體正爲了「因應挑戰反應，做好隨時採取下一個行動的準備」；每次感受到的緊張是具意義的徵兆，它提醒你現在要面對的挑戰對你意義何在。然後，請將這份動力，用在面對接下來的挑戰上。

不論身體發出的訊號（症狀）爲何，請記得專注於將不安給你的力量用在完成某個目標上，不要一心只想消除不安。

記得捫心自問「爲了達成目標，現在我該做的選擇或行動究竟爲何？」

這個方法，能在你人生中所有感到不安的時刻，派上用場。

第十八課・重點整理

❶ **不安是「導向成功的能量」。只要能接納不安，就能使不安轉變成面對困難時的助力。**

具體行動

・因不安而心跳加速或開始緊張時，記得回想起「不安能促使我們更努力」，這些症狀都是身體跟大腦為了帶領我們走向成功，提供我們能量的徵兆。

・把心裡的不安或焦慮，解釋成「興奮」，會讓自己更有自信，感覺已經做好心理準備。

❷ **不安能防止「筋疲力盡症候群」。只要把不安視為「可利用的能量」，就能不容易感到疲倦。**

具體行動

・每當自己感到不安時，試著轉換成「不安其實是要賦予我們活力」以及「越不安，表現會更好」的想法。

❸ 呼吸、心跳加速，或身體某部分處於緊張狀態，記得這是身體為了因應挑戰反應，做好隨時採取下個行動的準備。

具體行動

・專注於將不安給你的力量用在完成某個目標上。

・自問「為了達成目標，現在我該做的選擇或行動究竟為何？」

LESSON 19
如何輕鬆開口，再也不怯場？

—

相信觀眾都在為自己加油，
表現會更亮眼。

—

向重要客戶提案，或在好友婚宴上發表婚禮賀詞時，常常會因太過緊張而全身緊繃，不安到無法好好說話或行動。究竟有沒有方法可以克服「怯場」？

那是二〇一三年六月發生的事。在蘇格蘭愛丁堡舉辦的TED GLOBAL活動開始一小時前，我跟其他三位講者在後台等待出場。我們彼此反覆說著「這場演講會成為人生中最重要的演講也說不定」，因為當演講影片上傳到網路上時，就會有數量遠超過我們想像的人們觀看這場演講。

其實，我們這群講者每個人都非常不安。在後台時，我們都一直在討論「自己有多緊張，該怎麼消除緊張」等話題。

結果，在我前面上台的講者身上，真的

發生說不出話的狀況。剛上台時，雖然看得出怯場的樣子，不過開場卻非常順利。可是到了演講中段，她因爲太過緊張連自己要說什麼、說到哪裡都忘記了。雖然看似可以重新找回演講的節奏，但那時的她沒有這種從容，反而整個人僵在舞台上，即使好幾次想要開口重新演講卻屢屢失敗。接著，她慢慢轉身背向觀衆，感覺難過到快哭出來了。

之後，ＴＥＤ主辦人走上台，拿了杯水給她並鼓勵她，告訴她花點時間也沒關係，不用太緊張。沒想到，這時發生了一件讓人目瞪口呆的事——全場觀衆都站起來爲她鼓掌！

這個行爲似乎給了當時的她莫大勇氣。幾分鐘後，她重回舞台中央，從剛剛演講中斷的地方重新開始演講。這時的她不只找回自己的節奏，演講後半段展現出的說服力更勝前半段。當她的演講結束後，觀衆給她的掌聲比之前更爲熱烈。

輪到我上場時，ＴＥＤ的工作人員小聲關心我：「不要因爲剛剛的狀況影響到自己喔！」接著我就慢慢地走向舞台。那時的我，或許有點受到影響吧，因爲才剛剛親眼見識到「連成功又有能力的一流心理學家都會因爲怯場而失誤」。

再加上，所有知道我即將在ＴＥＤ演講的人都告誡我：「第一次站在ＴＥＤ舞台中心的『紅點』上時，會陷入混亂狀態喔！」連參加過兩次ＴＥＤ演講的「大前輩」——我的雙胞胎妹妹，都跟我說：「陷入混亂時不用太害怕，因爲每個上台演講的人都有過這種經驗。」可是，當我一站在舞台上時，我心裡的不安竟完全消失無蹤。走到紅點上時，我也絲毫不慌亂，反倒慢慢地俯視整個會場裡的觀衆，而且意識相當清晰。甚至，非常冷靜。說實話，開場時的我比以往任何演講裡的我都還要冷靜。

爲什麼我要分享這段經驗給大家呢？因爲我常常回想起並思考當時的經驗——有關那位說不出話的講者，還有她的演講（表現）是如何改變了我的「怯場症」。

相信「大家都在爲我加油」，就能提升表現

我不覺得「必須得冷靜才能在壓力之中表現得更好」。就像第十八課介紹過的一樣，科學研究已證明「把焦慮視爲能量或刺激，並且接納它，將協助你發揮能力去面對難題」。

另一方面，在TED演講時感受到的自信，的確幫助我連結自己與觀衆，同時將我想表達的訊息傳達給他們。我認爲，在我前一位上台的演講者也在跨越那個「危機」後成功傳達自己想表達的訊息給觀衆，並且因此感受到無比自信。

而且，這種自信和我們的「個人特質與行爲」完全無關，例如有沒有爲了這場演講事先做好準備，還是自尊心高或低。也不是因爲相信「自己講的內容很有意義」，或是「自己講的內容很值得一聽」。這種自信，是來自我們了解到「觀衆願意支持我們，爲我們加

油」。

雖然ＴＥＤ的工作人員擔心我會因為先前講者的狀況更加深不安，不過實際情況卻正好相反。因為我目擊了即將聽我演講的觀眾們，是如何包容那位講者，讓她得以走出「最糟糕的惡夢（窘境）」中。觀眾的起立鼓掌，是直接展現出鼓勵與包容的表現——即使幾分鐘前那位講者對觀眾來說只是個「毫無關係的陌生人」。

這個情形正好屬於調查「壓力下行為」的研究學者所觀察到的「亮眼」行為。講者、運動選手或其他表演者只要相信「觀眾在為自己加油」，就能使自己表現更亮眼。相反地，如果認為「觀眾等著看自己出糗」的話，則容易失敗。

重要的是「自己如何看待觀眾」

我常跟即將面臨重要發表會的史丹佛學生們分享這件事，並說明「怯場科學」。因為大多數人都覺得要克服怯場，消除心裡的緊張，只能讓自己專注在「感覺願意幫自己加油的觀眾上」。不過實際上，**比起擔心觀眾批評或稱讚自己，自己如何看待觀眾的想法，**才是克服關鍵。

大部分情況下，台上的人是無法察覺觀眾眞正想法的。因此，自己平常的心態就會影響這時的自己。究竟平常是覺得「別人在幫自己加油」？還是覺得「別人都在批評自己」？或是自己本身就是會幫講者加油的「好觀眾」之一？還是平常就習慣去批評責罵講者呢？

只要培養出支持他人的心態，就能深深影響自己身為講者的自信。因此，認為「觀眾在為自己加油」的同時，自己也要成為比過去的自己更熱切支持其它講者的觀眾。當察覺到自己在擔心「會不會被批評或責罵」時，請提醒自己「觀眾們眞正期待的是跟講者有所連結，從講者那裡獲得力量」。不論是在婚宴上發言帶領大家乾杯，還是在職場上發表新構想，都別忘了這件事。然後，無論自己身處何種情況下，記得衷心期待「一定有觀眾非常熱切的支持我」（願意為自己加油的人說不定比自己想像的更多）。

發表或演講時，試著在觀眾裡找到幫自己加油的人。那個人應該非常溫柔地微笑著，並且願意跟你來場眼神交流。這些觀眾，願意以「注目」和「力量」賦予你勇氣。試著將意力放在這些觀眾身上，像是在專注地對他們發表般上場表現吧。

培養這種心態的另一種方法，是隨時提醒自己要成為一個**給予其它講者自信的觀眾**，對其它講者的注目有如自己心中渴望得到的注目一樣；在講者自然處於緊張或怯場狀態時，能感同身受的給予鼓勵；如果自己容易說出太過分的批評，就試著找出講者或發表人一個「值得尊敬的地方」或「有趣的地方」。

當自己以這種樂觀積極的心情在觀衆裡聽演講時，應該會發現講者察覺到自己的存在，並且正在對著你演講吧！甚至還會感受到你跟講者之間正在交流對彼此有益的能量。只要理解這個「作用（機制）」，當自己站在舞台上，手持麥克風時，就能順利地活用它。

實際上，我在踏上ＴＥＤ舞台後能如此充滿自信，是因爲我深切感受到「觀衆與我同樣在心裡支持前一位講者而出現強烈羈絆」。因爲我跟那位講者感同身受，並且衷心期盼「能夠幫助她，給她勇氣」，所以不管是以觀衆身分還是講者身分，自己的心態都只是想要爲她加油。藉由這個心態，讓我跟觀衆間形成「積極正向的能量流」，而這個能量流也流向我即將踏上的舞台，才能讓我在上台後接收到這股「積極正向的能量」。在接收到的瞬間，這個鼓勵我的能量即化做我心中的勇氣。

雖然沒有實際證據證實演講時感受到的「觀衆爲我加油」是眞是假，但是它卻能幫助我們培養出能活用這股支持力量的心態。另外，把這股支持力量傳遞給其他人的同時，一定能順利地被他人「認可」與「信賴」。

第十九課・重點整理

❶ 相信觀衆都在為自己加油，表現會更亮眼。比起擔心觀衆批評或稱讚自己，自己如何看待觀衆的想法才是克服關鍵。

具體行動

・想起「觀衆們真正期待的是跟講者有所連結，從講者（的話中）獲得力量」。

・無論身處何種情況下，請衷心期待「一定有觀衆非常熱切的支持我」。

・發表或演講時，試著在觀衆裡找到幫自己加油的人。那個人應該非常溫柔地微笑著，並且願意跟你來場眼神交流。這些觀衆願意以「注目」和「力量」賦予你勇氣。試著將注意力放在這些觀衆身上，像是對他們發表般上場表現吧。

❷提醒自己成為「給予其它講者自信的觀眾」。

具體行動

・對其它講者的注目，有如自己心中渴望得到的注目一樣。

・在講者自然處於緊張或怯場狀態時，能感同身受的給予鼓勵。

・如果自己容易說出太過分的批評，就試著找出講者或發表人一個「值得尊敬的地方」或「有趣的地方」。

LESSON 20
科技成癮的你，是否還有得醫？

—

當察覺自己在
網路或社群網站上耗費太多時間，
該如何阻斷這個惡性循環。

—

我是在二〇〇九年五月知道推特的存在。

還記得在那之後不久的某個晚上，我坐在家裡的沙發上看著新設定好的推文欄（可依發文時間讀他人推文的推文總覽）。每過幾秒就會出現新推文，想按的新連結堆積如山，來自世界各地的有趣推文也持續出現。

不過，在瀏覽這些推文時，我發現自己似乎越變越慌亂——與其說有趣，不如說是被「一定要持續瀏覽推文」的衝動沖昏頭，既「興奮」又像是被「催眠」，整個感覺相當奇妙。

當我回過神時，時間早已過了午夜，光是「瀏覽之後點選」就花了我兩小時。

原本我就明白設計師跟工程師總是致

力將網路和社群網站等科技的「中毒與上癮性」發揮到極致，但是這種「強大引力（魅力）」，卻是在剛剛提到的推特經驗裡第一次親身體驗到。因爲不知爲何，我不曾被臉書或網路遊戲吸引，也不曾對史丹佛大學學生間流行的其他「浪費時間」的事感到興趣過。可是，推特卻以理想的方式集聚了三種要素：「嶄新」「知識刺激」與「不時被滿足的快感」。

跟網路、手機之類的「成癮」物品一樣，推特推文欄的設計能巧妙操控「大腦回饋系統」：當需求被滿足，或是知道即將被滿足的時候，大腦會使其活性化並藉此產生快感的神經系統，又稱多巴胺神經系統。不管是誘人去點選的「點擊誘餌」般的標題（雖然內容空泛，但藉由勾起使用者興趣的標題誘人點入的網站等），還是像「Candy Crush」般的手機遊戲，我們都難以抵抗這些「浪費時間事物」的魅力，同時提高多巴胺的分泌。

多巴胺會奪走你我的注意力

多巴胺是會奪走我們的注意力，並且承諾會滿足（雖然不一定做得到）我們的神經傳導物質。

當多巴胺奪走你我的注意力時，我們會執著於從事「能分泌多巴胺的事物」，而且不論種類，不論次數。陷入這種狀態時，我們就會無意識地捲動頁面，就像瀏覽著推文的我一樣，或是戒不了電視、戒不了手機、戒不了用通訊軟體聊天、戒不了遊戲的你。

如果不去做這些事情的話，可能會感到不安與急迫。這些感覺不像是「正向樂觀的需求」，更像恐慌或走投無路的感覺。然後，當這些行爲已經從單純地「偶爾做一下轉換心情」，轉變成中毒或上癮的話，就再也無法從中得到滿足感。原本因爲開心有趣而開始的行爲，淪爲毫無喜悅的衝動及如脅迫般的欲望。只要輸給這個誘惑的話，只會越來越想去做而已。

既然如此，當我們察覺到自己在科技（如網路或社群網站）上耗費太多時間，怠惰了與人之間的交流或其他重要的活動時，該如何阻斷這個惡性循環？

專注在「想改變的習慣」上

不管「想改變的習慣」爲何，請專注在整個「機制」及「從事那習慣的細節」。自己何時會去從事這習慣？你理解「想查看社群網站內容」背後的眞正欲望嗎？

因爲太過習慣，所以已經放不開這台機器了嗎？你知道爲什麼會玩遊戲玩過頭或看電視看過頭嗎？你覺得在做這些行爲時，滿足後的大腦會像吃飽後發出停止命令般叫停嗎？

如果沒有的話，哪個行爲取代了它呢？

自此之後，爲了讓自己更有自覺，知道自己到底在做什麼，必須設一個**規矩**給自己（不論規矩爲何，遵守起來都非常不容易。可是設立規矩後，會迫使自己特別注意自己的行爲，幫助自己慢慢地改變習慣）。當在設規矩時，要思考想改變這些浪費時間的行爲之間的關係，究竟到何種程度。

許多上過我的課的學生嘗試過，並成功的其中一種方法，就是在接觸誘惑前，**先完成一件重要的事**。這件重要的事可能是喝一杯茶、運動，或是看報紙等，也可能是在埋首於社群媒體世界前，先跟朋友或室友聊聊天說說話。

另一個「絕對要試試」的規矩，就是**設定鬧鐘**，試著給自己一定的時間限制。看看給自己十分鐘限制時，自己會如何因應。如果十分鐘到了仍無法罷手，也可以藉由這個行爲了解「自己說了哪些藉口」「中了哪些機制的圈套」等。

使用推特的我給自己最大的規矩，就是改變對推特的用法。不像以前一樣毫無止境地去捲動頁面，改成專注地去回覆或轉推推文，並且設定一定的「讀推特」時間。

當然，並不是所有沒在工作的時間都是種浪費。戒掉浪費時間又容易上癮的上癮物之重要關鍵，就是**找到休息的好方法**。

認知心理學裡有個非常有趣的**注意力恢復理論**，雖然不太爲人所知，但是透過這個理論我們能了解到「注意力有限，需要定期補充」。如果專注在同一個工作上的時間過長，會降低處理事物的能力。會興起想要休息的念頭是非常正確且自然的事。只要好好休息，恢復注意力的話，就能更有精神地重回工作崗位上。比方說，澳洲墨爾本大學研究證實，光是小小休息個四十秒遠眺大自然景觀，就能恢復注意力，提升需要細心的工作表現。其它能恢復注意力的行動跟動作，包含「身體運動」「專注呼吸」跟「冥想」，還有「觀看讓人覺得有趣、感到敬畏、興起愛憐之情的影片（像可愛動物影片）等」。

可惜的是，大部分的人做的都不是恢復注意力的行爲，而是奪走、轉移或消耗我們注意力的「浪費時間的行爲」。在必須體驗大自然、運動或積極樂觀情緒的時候，我們卻選擇去接觸上網、看社群網站等科技或娛樂等「分泌多巴胺」的事。雖然想著「玩遊戲、看社群網站內容來轉換心情」，最後卻遲遲無法提起幹勁，大多在無法發揮能力的情況下無疾而終。這個狀況跟想增加體力卻吃了對身體不好的零食；想放鬆卻喝了酒等「多數人擁有的習慣」非常相似。大部分的結果都是讓自己狀態變得比之前更差。

當然，如果這些事情眞是足以毀壞人生般的嚴重情事的話，即使我們花了許多時間深陷其中，遲早也會感受到「這個行爲正在消耗我的精力和侵蝕我的幸福」。這就是中毒及上癮的定義。不過，因爲這個誘惑的魅力極大，大到讓我們無法從體驗或教訓中學習，反倒持續相信「只要對這些物品或目的上癮的話，就能讓心情變好」。正因爲如此，我們才需要好好地去注意自己的行爲。只要開始懷疑所謂能滿足我們或給我們相應的獎賞或酬勞的「承諾」，就能控制這個誘惑。以我來說，越是注意到推特容易「使我遺忘時間」的特性，越能讓我輕易地改變接觸推特時的方法。

工作四十五分鐘，玩樂十五分鐘

十幾年前，當我還是史丹佛大學的研究生時，我在能幫助學生完成博士論文的「時間管理工作坊」裡得到非常棒的建議。「在一小時裡即使有一堆必須完成的課題等你完成，就算覺得時間總是不夠用，也只能以四十五分鐘爲單位去做。然後剩下的十五分鐘內，一定要去做些會讓自己開心，或是豐富心靈的事」。

我還記得當時工程學系的學生在工作坊裡非常認眞地發問：「我們該怎麼知道哪些事是能讓自己開心，或是能豐富心靈的呢？」

工作坊的負責人並沒有回答這個問題。而找到讓自己開心的事就跟戒斷成癮症狀一樣，需要細心觀察才能發現。我覺得，當自己開始思考有關「浪費時間的事」時，這個問題是最棒的自我提問。因爲**我們越不去從事一些有著深層意義，或是能帶給我們喜悅與滿**

足感的行爲時，越難抗拒「浪費時間的上網或社群網站等行爲」的魅力。以我來說，我了解運動、音樂跟冥想是最能恢復我精力跟注意力的方法。只要我散步回家就會興起寫作欲望；冥想十五分鐘後，就能專注地準備明天的課程內容；上課前聽自己喜歡的音樂，就更能發揮自己的能力。

所以，哪些事是能讓自己開心，或是能豐富心靈的呢？我的答案是，各位不妨思考一下，**能讓自己開心的事情有哪些？眞心想實行，而且有明確的結束點，又能眞正滿足自己的事物爲何？能恢復注意力，而非消耗的事爲何**？在設定有關「浪費時間的行爲動作」的規矩時，請同時努力地去思考能代替這些行爲的其他事物。

第二十課・重點整理

❶試著注意「想改變的習慣」是如何進行的。觀察自己是依照何種程序來進行這些中毒、上癮的行為。

具體行動

・注意自己是何時從事該行為的。
・注意自己是不是太過習慣，以致無法放手或改變。
・觀察想去從事該行為的欲望是如何產生的。

❷設定自己的規矩。為了知道自己到底在做哪些事，必須要設一個規矩。設立規矩後，會迫使自己特別注意行為，幫助自己慢慢改變習慣。

具體行動

・在接觸最大誘惑前，先完成一件重要的事。

※例——運動。跟夥伴或室友聊天說話。設定「鬧鐘」（自己限制時間）。面對像推特般的社群網站，不主動發文投稿，並限制「讀動態」的時間。

❸ 休息。戒掉浪費時間又「容易上癮」的上癮物之重要關鍵，就是找到休息的好方法。好好休息就能恢復注意力。

具體行動

・花四十秒，小小休息一下。

※例——遠眺大自然景觀就能恢復注意力，提升需細心的工作表現。

・活動身體（散步等）。

・專注呼吸。

・冥想。

・觀看讓人覺得有趣、感到敬畏、興起愛憐之情的影片（像可愛動物影片）等。

❹工作四十五分鐘，玩樂十五分鐘。在一小時裡以四十五分鐘為單位去工作。剩下的十五分鐘，一定要去做些會讓自己開心，或是豐富心靈的事。

具體行動

・思考能讓自己開心的事情有哪些？

・思考真心想實行，而且有明確結束點，又能真正滿足自己的事物為何？

・思考能「恢復」而不「消耗」注意力的事為何？

第 5 章

壓力的光明面

微軟比爾．蓋茲夫婦、臉書祖克柏等
頂尖人士，也是以壓力爲武器，
跨越逆境成長至今！

LESSON 21
壓力眞的有害？

—

我們接受到更多壓力時，
也能感受到更多喜悅、愛與歡笑。

—

我在準備「與壓力和平共處的方法」這個演講主題時，發現認爲自己能適應壓力的成年美國人僅有二九%。不只如此，大多數美國人都覺得自己所感受到的壓力程度對健康來說並不好。

舉例來說，美國哈佛公共衛生研究所在二〇一四年進行的調查指出，大約有八五%的美國人覺得「壓力對健康、家庭生活、工作都有負面影響」。

回答自己感受高度壓力的人之中，七四%認爲壓力會直接對人體造成傷害。更進一步來說，配合調查者的八〇%皆回答：「我不認爲壓力對於個人健康、家庭關係、溝通等，帶來任何正面影響。」幾乎所有美國人都回答「我正在努力減少壓力」，但其實大多數的人都說「壓力程度並沒有改變，反而年年加重」。

以結論來看，我們正陷入不容小覷的狀況裡——誰都會感受到壓力，也會覺得壓力對自己不是有益的，但是卻好像沒有人可以完全排除壓力。這件事並不僅限於美國，世界上的人們在傾訴感到非同小可的壓力時，會覺得「壓力對健康無益」，但也同時認爲「似乎無法完全排除壓力」。

壓力有害健康，也有助成長

認爲「壓力有害但無法排除」的這件事，會成爲引發不安、憂鬱、情緒低落的契機。根據美國耶魯大學的研究，「認爲壓力有害的人」比起「認爲壓力能成爲正面能量的人」，更容易有情緒低落傾向。這種人同時也比其他人有較多腰痛或頭痛等「因壓力而引起的健康問題」。

在別的研究中，我們發現相信壓力對健康有害的情況下，承受高度壓力會導致提高罹患心臟病、死亡的風險。換句話說，只是結合「認爲壓力程度非同小可」「認爲壓力對人體有害」這兩種想法，就會提高引起身心問題的風險。

相反地，像是認爲壓力對提高集中力有所幫助，雖然感受到許多壓力但認爲壓力這件事還是有其優點，並且曾體驗過高壓能增強自我狀態等的人，在健康、生活甚至是工作上，都能獲得成就。

我在TED的演講主題「如何讓壓力成為你的朋友」，主要是想幫助大家察覺「壓力其實也有優點」這件事。也就是說，這個演講的目的主要是給大家一個提醒：**壓力會給予人們動機和活力，對加深人與人之間的連結也有所幫助**。它同時也會測試我們的意志力，幫助我們增強能力；我們也會藉此學習、成長。但我也要聲明，我並非要各位說服自己「壓力有優點」，而是「去正視壓力好的一面」的行為對我們有好處。在被壓力壟罩的狀況下，如果能夠發掘「壓力的優點」，就能有效降低我們感到極度不安、情緒異常低落的可能性。

另外我希望大家能了解一點，壓力是不可迴避的。許多人感受到異常大的壓力時，同時也是暗喻這個人本身或是這個人的生活裡必定存在某些問題。我們所生活的世界中，壓力是極其一般的事，並不是什麼壞事。

「壓力指數」越高，國家更富裕

在二〇〇五、二〇〇六這兩年，民調公司蓋洛普曾實施一項調查。他們詢問世界一百二十一國、十二萬五千人一個問題：「昨天你壓力大嗎？」再從回答「是」的比例中，根據國別算出「壓力指數」。沒想到，出現驚人結果。

調查結果顯示，**該國國民壓力指數越高，該國更富裕**。

許多回答「昨天感到壓力大」的人，他們的國家平均壽命或國內生產毛額都表現傑出。另外，在這個調查結果中也顯示「壓力指數越高，國民的幸福感或滿意度也相對較高」。許多人感到壓力大這件事也意味著「對於健康、工作、生活水準、人際溝通較爲滿足」的人也比較多。

此調查也檢視關於個人的幸福程度與壓力的關係。結果出現一個值得玩味的現象。在感覺到壓力大的日子中，我們也容易感受到憤怒、憂鬱（情緒低落）、悲傷和不安等情緒。但同時，**我們接受到更多壓力時，也能感受到更多喜悅、愛與歡笑**。

即使壓力大也不會情緒低落的人，通常會認爲自己的生活已接近理想狀態，我將此稱爲**壓力悖論**。「壓力悖論」是指**壓力的多少，與煩惱和幸福感兩方面有所相關**。此悖論的交集相當複雜，能理解此理論的方法之一是檢視「壓力」「煩惱」「人生意義」之間的關連性。

壓力與「人生意義」有關

其他大規模研究曾隨機在全美十八～七十八歲中選出受試者並詢問以下問題：關於「自己的人生大致上是有意義的」這句話，你的贊同程度是多少？之後再分別調查「贊同的人」與「不贊同的人」之差別。企圖藉此釐清到底「有意義的人生」爲何？

出乎意料地，「壓力」這個答案位居上位。事實上調查結果顯示，你所承受的壓力都與「人生意義」相關連。在過去經歷過越多壓力事端的人，越能領略到自己的人生是有意義的。

然而現今回答自己正活在高壓環境下的人，也認爲自己的人生是有意義的。不管是花費在擔心未來的時間，或是爲了回顧過去所耗費的時間，所有一切都是有意義的。

「壓力」與「人生意義」爲何如此密不可分？首先我們要了解第一件事，壓力可說是「想好好擔起重要責任或追求有意義的目標時，所發生的『必要結果』」。

我們詢問受試者人生中造成壓力的「重大因素」是什麼，答案不乏包括工作、育兒、人際關係、老年看護，以及健康。這些事就算對我們的生活不是「最有意義的事」，也會給我們的人生增添許多不同層次。

承受壓力這件事，與其當成是「生活出現問題」的警示，不如當成「目前的你和你所背負的責任、人際關係和目標之間有著某種關連」的指標。

身為人類的我們，擁有透過苦難發覺眞理的本能和包容力。本來苦難是沒有任何意義的，但是藉由本能和包容力，苦難可以轉化為「探求眞理」的契機。

這種壓力能夠成為觸發個人成長、精神探索和發覺心靈深處的原動力。「人生意義」不只存在於壓力環境本身，也存在於喚起我們內在的過程之中。「在人生中發現眞理」此事即對應壓力的結果。正因為如此，每每在有壓力的狀況下才會體會到「人生意義」。

越試圖避開壓力，越容易感到不安

做為發現人生意義的方法，我們並不推薦將壓力最大化。但是，試圖避開壓力也著實不是個好方法。比起正面承受壓力的人，**試圖迴避壓力的人更容易感到不安，或情緒上的低落**。

舉例來說，在美國某次調查中，追蹤調查超過一千位成人他們十年來的生活。

在調查初期，調查機構詢問受試者：「你如何處理每日面對的壓力？」採取極力迴避壓力方法（盡量避開承受壓力的狀況，或為了不要思考有壓力的事，以喝酒、看電視、玩遊戲等娛樂方式試圖從壓力的情緒中逃脫）的人，在那之後十年間有較強烈的憂鬱傾向。試圖排除壓力這件事已經遠遠超過調查剛開始時所顯示的病徵或問題的領域，未來罹患憂鬱的風險相當高。

日本也曾進行同樣的研究，日本的成人因爲迴避壓力，導致群體意識和社會歸屬感大幅下降。

如果避開不安、失敗、不悅、衝突、喪失感等「壓力令人厭惡的一面」，你或許會認爲自己的人生將會變得比較好。當你在回顧每天的生活時，想到你壓力最大的一天，也許你會覺得「唉~這星期沒一天有好日子。」接著，你會祈願「想度過無壓力的一天」。

但是，當你用宏觀的視野來檢視人生，回顧自己的生命歷程後，究竟會不會想讓伴隨壓力的經驗全部消失無蹤呢？並不是全部化爲烏有，人生就能成爲最理想的狀態。

反而在回顧之後，你會發現消去壓力，會剝奪讓你成長的經驗、錯失最值得驕傲的挑戰，或是失去重要的人際關係，抹滅掉現在的自己。雖然多少能減輕你因壓力的不快感，但「人生的意義」也會就此消失。

對抗不安、憂鬱的「特效藥」

那麼，是什麼東西能夠賦予我們妥善處理壓力的能力呢？科學實驗證明，能夠緩和不安或憂鬱、情緒低落，並產生回復能力最有效果的，是**運動**、**散步**、**與朋友或家人及寵物度過的時間**，以及花費在**按摩**、**冥想**、**瑜伽**、**祈禱**、**參加祭祀**、**志工活動或幫助他人**、**從事自我嗜好上的時間**。

這些方法與喝酒或看電視等「典型紓壓法」爲什麼那麼不同呢？原因在於前述方法與「自我療癒」或「朝向比自己更偉大的存在」相關。這些方法會帶來「人生意義」或自我超越的情感。「人生意義」「自我超越」「自我療癒」對幸福或自我回復來說，是重要的力量來源。

當你快被壓力擊倒的時候，請試著回想「透過有壓力的狀態能夠持續成長」這個「潛在優點」。

爲了激發自我潛力、強化與他人的連結、表現自我價値觀，壓力可說是一個契機。此外，也必須思考該如何將「自我療癒」或「自我超越」的行爲帶進日常生活中。請不要認爲這樣做的原因是爲了減輕或排除壓力，而是爲了「給自己持續追求最重要事物的動力」——即使這樣的思維本身，必然會帶來壓力。

第二十一課．重點整理

❶ 發現壓力的「優點」。壓力跟提升動力相關、能幫助加強人與人的連結、和「人生意義」相關。

❷ 不逃避壓力。試圖迴避壓力的人容易感到不安或情緒的低落。

❸ 自我療癒能夠緩和不安，並產生從壓力中回復的力量。

具體行動

- 運動或與家人、朋友、寵物相處。
- 花時間在按摩、冥想、瑜珈、祈禱、參加祭祀、志工活動、幫助他人、創意興趣上。
- 不採取喝酒與看電視這種「逃避壓力的方法」。

LESSON 22

如何將壓力化爲助力？

—

壓力雖對健康有害，
但也對個人成長有益。

—

我們至今仍一直認爲「壓力是敵人」。實際上，多數心理學家或醫生及科學家，也都將壓力視爲眼中釘。他們相信壓力是讓多數人煩惱的危險病，一定要想辦法預防。

但是我對於壓力的想法有新的認知。一九九八年在美國以三萬名成年人做爲研究對象所進行的調查研究結果正是契機。調查中，詢問受試者「在這一年間你感受到多少壓力？」「你認爲壓力對健康有害嗎？」兩個問題，並且在八年後再次調查三萬人中有誰已經去世。

結果顯示，認爲自己本身在高度壓力情況下的研究對象，死亡風險高達四三%。但只有在接受高度壓力的人中認爲「壓力對健康有害」的人死亡風險提高。

我對這項研究結果特別感興趣，因爲即

使在承受高壓的人之中，不認爲「壓力對健康有害」的人死亡風險並未上升。

研究成果還不僅僅如此，這個受試組還是在調查的對象中死亡風險最低的一群。比起幾乎沒有壓力的人們，他們的死亡風險還要更低，著實嚇了我一大跳。

壓力使人聰明堅強

綜合許多研究，我對壓力有了嶄新的看法。根據最新研究結果顯示，「壓力使人聰明、堅強，並且會帶領人們通往成功之路」。人們能在承受壓力的經驗中學習、成長，且能夠獲得勇氣和關懷。

更重要的是，「只要稍微改變對於壓力的想法，就能變得更健康、幸福」。根據你對壓力的看法，不論是健康還是發現人生意義等，許多事情都會隨著改變。所以**比起試圖減輕、逃避壓力，改變對壓力的看法、接受壓力本身的存在才是處理壓力的「最佳方法」**。

「沒有壓力的工作是不存在的」這個想法，也許是一個好的起點。身爲人類，壓力是一件稀鬆平常的事。雖然有些人費盡千辛萬苦覺得一定要減輕壓力，努力想要把壓力根除，但就算這樣也不會得到好結果。

我們可以把壓力，視爲一種認眞工作的「象徵」。會感到壓力這件事，正是你對自己的工作用心入微的證明，正因爲你拚命工作、認爲工作是自己分內的事才會感到壓力。只要能了解承受壓力的人不分你我，以自己的做法轉化「壓力」，你也能夠改變與壓力的相處模式。

蓋茲、祖克柏，樂於把壓力當助力

本書第十一課中提及的「工作塑造」，指的是透過重新定義自己的工作來提高生產力與效率的方法。雖然是從商界孕育而出的概念，但在和壓力共處時也相當有用。

首先我們可以從「製作待辦清單」開始，先寫下自己的工作中「不得不做的事項」，比如寄發電子郵件、撰寫報告、與客戶開會等。再條列出「自己的優點」「自己的人生中最珍重的事物」「自己的價值觀」等，然後試著將這些事項一個個與「自己的工作」做連結。

例如假設「你很會說服他人」，接著試著把此能力與寫郵件或寫報告等連結。這樣一來，你不但能善用自己的長處，還能幫助到自己的工作。

如果你「善於教導」的話，那麼寫郵件的行爲也能視爲「給予他人意見、幫助他人」。透過這些動作來減少壓力的有害部分。「因爲上司的朝令夕改，完全沒有自己的時間」「因爲操心的事太多，完全看不到未來的希望」，抱持著這樣的想法就代表「自己是工作的被害者」。「工作塑造」會提供一個改變負面想法的契機。

在諸多將壓力化爲助力的人裡，有三位我深感佩服。其中兩位是微軟的創立者兼以社會奉獻爲目的的比爾與梅琳達基金會理事長——比爾．蓋茲，與其夫人梅琳達．蓋茲。他們在人生中選擇正面迎擊「世界上存在的大問題」，這與「欲貢獻於比自我本身更偉大目標」的思維相通。他們不爲自己的成功著想，而是思考能力範圍內能解決的最重要問題，並且爲了解決此問題而採取行動，這一點才是最讓我欽佩的。

只要把自己人生重要的目標置於「比自己層次更高的事物」上，就能將壓力化爲助力，即使你跟平常做一樣的努力，也可以改變自己「提起幹勁」的動機。並不是想證明「自己很有能力」「自己比他人優秀」，而是想要表現自己的努力是爲了貢獻在更重要的目標上。這樣一來，就不會被自己的成功絆住腳步，而是會向更大的目標邁進，身邊的人也會聲援你。

我所欽佩的另一人是臉書創立者馬克．祖克柏。他在二〇一五年於臉書上發表伴侶懷孕一事。那時也提及關於伴侶的流產經驗以及至今所承受的壓力，我真心佩服他。

幾乎沒有人會將伴侶流產一事開誠布公吧？尤其像他這樣的名人。儘管如此，他還是誠實吐露了自己的弱點，並告知大眾「我也只是個平凡人」。我想，對許多與他感到相同痛苦的人來說，看到這篇貼文後覺得自己並不是孤獨一人，然後因此得到勇氣的人也不在少數。

即使感到不安，即使生活充滿壓力，仍舊獲得成功的人相當多。

我在參加某個會議時，曾聽過某企業女執行長的演講。她在美國是相當知名的人物，看來非常成功，在職場上也相當活躍。

表面看起來光鮮亮麗的她，其實一直被焦慮症所困，長久以來試圖與其和平共處，並把焦慮化成自己的力量，活出成功人生。這是在商業上的成功中一個非常棒的例子。

其實大多數頂尖運動選手或專家，也會時常感到不安與焦慮。我有一段最喜歡的話，是美國太空總署太空人所說的：「不知道不安這件事的人，到頭來什麼都不知道。正因爲有不安這種情緒，我才能利用它來深入思考。」

一個成功的人常會被認爲「總是相當冷靜，充滿自信，完全沒有不安的情緒」。但實際上並非如此。他們也有壓力，也經歷過不少艱辛。不過，正因爲這些人將壓力化爲助力，進而獲得成功，才足以被稱爲理想的成功典範。

就算如此，還是有許多人想避開失敗或逆境，正因爲有這樣想的人，我們才應該改變

「關於失敗的思考方式」。世界上多數人都會認爲失敗是無論如何都應該避免的。當他們試圖挑戰自己能力不及的目標，或爲了挑戰新事物而開始努力時，就更容易陷入這樣的想法裡。

許多人一旦遭遇挫折時，就會立刻陷入「我果然還是不行」的負面想法，並一直思考事情進展不順利是不是因爲自身能力不足或搞錯目標設定。這樣一來就容易陷入「失去信心後馬上放棄」這種惡性循環裡。

在這時最有幫助的便是「成長心態」觀點。成長心態觀點認爲「挫折是無法避免的事情」，當你碰上難關時，要當成「能夠極致發揮本身能力的時刻來臨」。逆境會強化心理韌性，過去艱辛的經驗都會有所幫助。如果你能夠這樣轉換思考，就算感受到壓力也能努力脫困。

當壓力過於沉重，試寫「抗逆故事」

爲了從挫折或逆境得到力量，有效方法之一便是**撰寫自己的人生故事**，我將此故事稱爲「抗逆故事」。舉例來說，你可以寫下不論是關於自己的職涯、人際關係或是公司內部專案都沒關係，之後再自己試著閱讀。

從那故事中能夠了解自己的人生到底發生了什麼事，以及到底這些事蘊含什麼意義。自己的優點是什麼？又學到了什麼？藉由自己寫下並閱讀這些故事，就能從逆境中得到力量，也會對未來抱持樂觀想法。

並不是透過經驗逆境所以變得更加強大（當然也有這種人），最重要的是藉由閱讀將逆境故事變成自己的「抗逆故事」，思維也會跟著改變，而逆境也會成爲力量。

我最近召集全美國著名執行長們進行培訓。在培訓中我們會從「成長心態」觀點出發，討論關於他們自己的職涯。我會請大家在衆人面前談論自己失職時的表現，或是沒有順利進展的專案，並請他們重新思考自己從這個經驗中到底發現了什麼樣的強項、學到了什麼事情。

這個方法即使自己一個人練習也很有效果，但我偏向運用在團體討論上。因爲透過每個人的參與，會創造出更好的效果。藉由這樣自己寫出自己的故事，在人前談論，會成爲產生成長心態的力量。

許多研究顯示，經歷過眞正心靈創傷的人，例如犯罪的被害者、失去心愛的人、或歷經極大壓力的人，他們若想繼續邁開腳步向前進，「刻意不去回想自己的經驗」其實不會有任何幫助。試圖不去思考所發生的事件持續逃避，多數時候反而會助長「自我毀滅行動」。

心理學領域裡有兩種思考方式，分別是**侵入性反芻**與**刻意性反芻**。「侵入性反芻」意指**雖然不願意，卻總會禁不住反覆回想發生在自己身上的經驗**。他們總是在腦海裡想像「如果我那時選了別條路的話，就不會成爲被害者」「只要這樣做，就能不傷害別人結束一切」這種「二擇一思考」，與壓力後創傷症候群的症狀類似。

另一種思考方式爲「刻意反芻」，意指「刻意地回想」。**自己選擇回想發生過的經驗，也就是說刻意給予自己「回想曾經發生在自己身上的事也沒關係」這種許可**。雖然是抱有「我當時那樣做就好了」這樣消極的思考方式，但多數能夠繼續向前進的力量便是從這種「刻意反芻」所產生的。

最重要的是在發生事件時，不應該思考「爲什麼這種事會發生在我身上」，而是思考**發生這件事是爲了什麼**。不是思考「爲什麼」而是「爲了什麼」，這便是「成長心態」。

就算你期望逆境不要發生，但實際上逆境是必定會發生的。我們可以做的，無非是從經驗中學習如何讓那樣的逆境成爲讓我們變得更好的助力，或是這樣的經驗該如何應用在幫助他人上面。

因此「書寫」也是相當重要的一件事，寫下本身經驗這個行爲是最有療癒效果的做法。研究顯示將你所感受到的事、發生過的事「化成文字」，是最有治療效果的方法。

在這之中最重要的是「單純寫下你的感受」這件事，這個時候我們一定要注意開頭不要從「那個時候雖然非常辛苦，但是辛苦都有代價」這個部分下筆。

重要的是接納在自己身上發生極度痛苦的事，寫下「自己完整的感受」。多次書寫後，即會自然地產生積極正向的能量。

我在《輕鬆駕馭意志力》一書中也有提及，根據你用什麼樣的態度來接納這一切，會觸發自己體內優秀的力量或洞察力。書裡也有介紹該如何包容壓力，將其轉變成力量的過程。雖然這是一種創新思維，但如果你仍不去面對眞正辛苦、難受的事，一味採取「沒有自覺」的做法的話，並不算是眞正地包容壓力。

提高「抗壓性」的運動

爲了戰勝壓力，**瑜伽**和**冥想**都是有效方法。從心靈層面上看，瑜伽或冥想都能讓自己感覺到「自己百分百的存在」。不過，實際進行瑜伽或冥想後，會發現自己不但無法逃離不安或自身缺點等「厭惡的事」，還必須繼續身處在這個環境中。其實，正是這種行爲才能提高我們的抗壓性，無論這環境再不舒服，也絕不逃避。瑜伽跟冥想即屬於這類型的運動。

從生理層面上來看，瑜伽或冥想可稱做能簡單取得神經系統平衡的行爲。雖然大家都覺得做瑜伽或冥想能讓情緒安定，但其實身體反而會因此更加活絡。心跳次數會上升，或釋出男性賀爾蒙。因爲這樣所引起的反應，壓力賀爾蒙的結構也會跟著改變。

簡單來說，這與本書第十八課中所提及的「挑戰反應」非常相近。在這種狀態下，心跳會加速，腎上腺素急速增加，不斷地向肌肉和大腦輸送能量，讓情緒高漲的「神經傳導物質」激增。

這樣一來，你可以說是身處「心流」狀態（完全沉浸在自己所做之事的最佳狀態）的人，自然會表現出「挑戰反應」特徵。這跟一心一意專注在表演上的狀態相同，不論是生理或心理都會湧現力量，進而加強自信心、提高專注力，發揮最棒表現。

除了瑜伽或冥想外，只是散步走路也能達到相同效果。不論是何種運動，都有效。

第二十二課・重點整理

❶ 壓力雖對健康有害，但也對個人成長有益。

❷ 別試圖減少、逃避壓力，而是「接納」壓力。

具體行動

・抱持「沒有壓力的工作不存在」的想法。

・壓力，是因重視工作而表現出來的「象徵」。

❸活用「工作塑造」。

具體行動

・製作「待辦事項」清單。

※例——寄發電子郵件、撰寫報告、與客戶開會等。

・條列「自己的優點」「人生中最珍視的事物」「自己的價值觀」，將這些事項與日常工作連結。

※例——如果你「善於教導」，那麼寫郵件的行為也能視為「給予他人意見、幫助他人」的一種方式。

❹將人生重要目標置於「比自己層次更高的事物」上。

❺用「成長心態」思考。

具體行動

・不應該思考「為什麼這種事會發生在我身上」，而是思考「發生這件事是為了什麼」。

❻「寫」下自身經驗。研究顯示，若將所感受到的事、發生過的事「化成文字」，是最有治療效果的方法。

❼務必做運動。運動會使你身處「心流」狀態。

具體行動

・做瑜伽或冥想。

・只是散步走路，也可以得到同樣效果。

第6章

如何培養讓人忍不住追隨的領導力？

領導力也與「意志力」相關？
「高高在上」和「善良」
究竟哪個才正確？

LESSON 23

別爲了追求狼性，忘記人性

—

根據最近的研究指出，
慈愛型領導者可以打造出一支強大且有活力的團隊。

—

我在二〇一三年，開始於美國史丹佛大學商學院開設「慈愛型領導力」這門課。

在第一天的課程中，我給在座學生看了兩張照片，並詢問他們「哪一位看起來比較像領導者？」

第一張照片上是一位表情高傲的中年男子，嘴角緊閉，只有一邊的嘴稍稍上提，笑容令人感到不快。眼睛像是在評價對方一樣俯視著。這是一張影中人看起來「高高在上」的照片。

第二張照片是一位較年輕的女性，她雖毅然地凝視前方，臉上卻帶著安定的笑容，可以從表情窺探出溫柔與體貼之心。因爲她的頭稍稍傾斜，與其說她是在用「高高在上」的態度評價他人，不如說像在仔細聆聽對方說話的感覺。

因爲不知道哪個才是正確答案，學生們的笑聲充斥整間教室，我猜大家應該是在苦笑吧！因爲從學生的角度來說看起來「最糟糕」的人，也就是那位男性，反而更像是一位領導者，所以才感到困惑。

各位讀者們，你們覺得哪一位才是領導者呢？

答案是，不是其中的哪一位，而是兩位都是領導者。

領導力具雙面性

這個問題是以美國南加州大學商學院所進行的研究做爲依據。他們訪問了許多人，並且將訪問當時所拍攝的影片給專家觀看，進行了表情變化的分析研究。且更進一步讓其他領域的專家也觀看這段影片，讓他們對每個人所擁有的領導能力進行調查。

其結果表示，**領導力具有雙面性**。有看輕他人傾向的人，或以溫柔體貼示人的人，但無論哪一方都擁有無與倫比的領導資質。

實際上，在眞正的工作場合中也進行了同樣調查。

我們請在進行同一專案工作的同事互相評價，看看彼此是高高在上的類型，還是對人抱著關懷心的類型，另外也詢問了在專案進行時每個人發揮了多少領導力。在這個研究中也了解到，不論是「會看輕他人的人」與「關懷心強烈的人」，其實都是優秀的領導者。

依照數據分析的結果明確指出，「高高在上」與「慈愛」兩件事可以解釋爲研究對象的能力與知性的表現。

由於在商業世界中，普遍認爲「慈愛會被當成一個人的弱點」，所以史丹佛大學商學院的學生們都對這個結果感到相當吃驚。雖然我認爲學生們正因爲抱著「未來的時代，慈愛型領導力將是趨勢」這個想法才來上我的課，但其實大部分學生對於「善良與領導力畫上等號」這一點基本上都抱著懷疑。

舉例來說，大學裡會有從賄賂及貪汙橫行的國家來的學生，同時也會有在業界工作時學到「在殘酷的競爭中勝出才是最重要的，彼此抱有善意互相協助並工作根本不可能」這種觀念的學生。而對於他們來說，就算對他們說「只要成爲待人和善的好人就好」這種話，根本一點說服力也沒有。

史丹佛大學所定義的「慈愛」是？

即使是這樣，我向這些身爲商業菁英的學生們講課時，也會從讓他們看這兩張照片開始。因爲這個研究確實呈現出領導力的矛盾點。

的確，只要想去做，任何人都能透過恫嚇和威脅，將自己的立場轉爲有利的方向。事實上擁有社會經驗的學生，利用恫嚇和威脅讓對手俯首稱臣的場面不在少數。

但是人們也會因爲一個人總是抱著公平且親切的態度，成爲讓人放心傾訴煩惱與商量的對象這點，而獲取他人尊敬。實際上，若詢問學生們「對於自己的人生來說，最需要的領導者是什麼模樣？」多數的學生會回答：「能夠接納我、幫助我達成目標，引導我發揮潛力的領導者比較好。」

當然，我們了解「慈愛型領導力」不是單純指有張親切的笑臉就好。史丹佛大學「慈愛與利他心研究教育中心」舉出以下構成慈愛的三要點。

① **對他人的要求、期望、苦難有所思慮。**
② **具有與他人相互依存的心、關懷對方，並建立密不可分的關係。**
③ **滿足他人所需、減輕其痛苦，協助他人獲得幸福。**

就像在一個溫馨家庭裡，成員彼此分擔悲傷，對家人遭受的苦難有所共鳴，並不時鼓勵彼此。慈愛型領導者就跟一個溫馨家庭裡會有的日常風景相同，以「想看見自己的組織成長的模樣」這種心情做爲基本信念，因此人們就不會將個人的成功擺第一位，而是追求達成組織全體目標。

由衷地關懷他人需求也是必要的。重點並不是爲了成就自己的利益而利用他人的需求，而是打從心底關切他們的滿足感和幸福感。根據最近的研究指出，慈愛型領導者可以打造出一支強大且有活力的團隊，也能預防領導者本身罹患「精疲力盡症候群」。

非領導者也必需的「必要能力」

慈愛型領導並不是只有領導者才須具備的能力。對非身處領導地位的人而言也是不可或缺。關於自己本身的工作，都必須帶有關懷心去重新看待自己身處在什麼樣的立場上。

舉例來說，在思考如何應對因內心不滿而口吐怨言並做出無理要求的顧客時，我們說不定也能試著抱持爲他人著想的態度來處理。

應付討人厭的客戶是一個伴隨痛苦的過程，期間也許只會覺得自己單方面地被責備。「又不是我的問題，都是客人的錯」這種自我防衛機制也會不知不覺的被啓動，並且覺得應付顧客的任性，只是在浪費時間和精力罷了。

但如果換個角度，不妨當成是我們得到這種千載難逢的好機會，不要只關注在被心情不好的客戶攻擊所受到的壓力，而是將注意力放在解決別人的心頭大患這種喜悅上。能夠這樣思考的話，處理這種事的痛苦也能變成「我能藉由簡單的答案，解決顧客的煩惱」般的喜悅。

如果是抱著「達成公司要求的工作」這種想法，不論選擇對顧客體貼與否，哪一種應對方式都會造成相同結果。但當你帶著關懷心解決問題時，對工作的認知將會有所改變，周遭對你的評價也會有所不同。

我也會瞬間在腦海中飄過「這份工作眞是麻煩」的念頭。但我會盡量告訴自己「這份工作是爲了鍛鍊、引導我達到成爲一個有關懷心的教師跟顧問的目標」。幫學生打分數、爲了演講而出差這些事雖然曾經讓我覺得痛苦，但我現在已能夠打從心底享受這一切。

對自己來說「最重要的事」爲何？

實踐慈愛型領導還有另外一個方法，就是經常思考對於自己來說最重要的事是什麼。大部分的公司或職場中，都會將「創新至上」「重視團隊合作」「顧客第一」等企業價值設爲目標。但我希望各位讀者務必思考看看「對自己來說，最重要的價值爲何」。

根據某項研究指出，「思考自我價値觀，會促成有關懷力的行動。」因爲這會讓你實際感受到「比起他人或自己，有個更大的事物跟你連結」。思考價値觀這件事，能有效幫助你對於接收新情報或周邊反應，以更寬大的心境來面對。認知「對自己來說最重要的價値觀爲何？」這件事不只是對領導者而已，是對所有人都有益的一件事，並且也是對學習、成長來說重要的元素之一。

我每天早上都會從回顧「我的價値觀」來開啓新的一天，比如：以勇氣示人、珍惜身邊的人，當然還有適時關懷他人這幾個價値觀。

我每天早上起床後，都會回想自己所重視的價値觀，並思考要怎麼運用在當天的活動與工作中。

「自己看重的價値觀」在你被迫做困難的選擇，或是正面迎擊苦難時能成爲你的指路明燈。每當我被交付需做艱難決定時，總是會想辦法與「自我價値觀」做連結。我會以「我要怎麼發揮我的勇氣？」「出於恐懼和擔憂所做的選擇爲何？」等問題問自己。

思考如何令周邊的人一同參與，也是一件相當重要的事。「除了我自己以外應該聽誰的意見？」「有其他需要列入考量的相關人士嗎？」「要如何更了解他人的期望與意見？」「有其他能借用其智慧的人嗎？」「有沒有應該與他人合作的事，我卻自己一個人做了呢？」我會數度詢問自己。

此外，「愛自己」也是對慈愛型領導者來說相當重要的一件事。如果訪問企業中擔任要職的人或高層管理者，相信他們都會異口同聲地回答：「關懷自己是最難的。」許多人認為「照顧他人還相對簡單」。但是，對於自己有關懷照顧之心，是力量的泉源，也是發揮服務精神的源頭。我們可以斷言**最優秀的領導者必須是珍視自身幸福的人**。

一個犧牲健康和幸福的領導者，也會傳達給團隊成員們必須同樣這麼做的訊息。這樣一來，很有可能在公司營造出「自我毀滅」「精疲力盡症候群」等風氣。一個能夠懂得怎麼照顧自己的人，也能成為一個善解人意的人，最後能創造出成員互相關懷的氣氛。

為了達成最完美的工作，就算只有一個也好，請每天思考「對自己來說最棒的事」是什麼。對我來說這件事是運動，不管我多忙碌，每天總會擠出時間來運動。再忙再累也不會有「今天就不運動了」這種想法，反而是想著「無論如何都要確保可以運動的時間」。

我想，正在閱讀本書的讀者們大家都有不同的工作和目標，希望我提供的方法能幫助大家發揮「慈愛領導特質」。如果想成為一個讓人打從心裡敬重的領導者的話，不妨從現在起就開始行動。

保持慈愛之心，從此你將煥然一新。

第二十三課・重點整理

❶ 何謂「慈愛」？「慈愛」有三大要素。

滿足對他人的要求、期望同時，也關心對方的痛苦。

關懷對方，且建立密不可分的關係（懷有相互依賴的感情）。

滿足他人所需、減輕其痛苦，協助他人幸福。

具體行動

・請在組織內採取跟在溫馨家庭中對待家人的相同態度。

❷ 每天早上思考一遍對自己來說，「最重要的事」「最有價值的事」為何？思考自己的價值觀，會與富關懷心的行動相連結。

❸ 思考如何讓周邊的人參與。

具體行動

・可回顧「除了我自己以外應該聽取誰的意見？」「有其他需要列入考量的相關人士嗎？」「要如何更了解他人的期望與意見？」「有沒有應該與他人合作的事自己卻一個人做了？」

❹ 珍惜自己、關心自己，每天持續一件「對你來說最棒的事」。

具體行動

・例如再忙再累，都會挪出時間運動。

LESSON 24

如何防止自己做出不當行爲？

當一個人做了一些好事，
反而更容易陷入不道德的行動。

企業界、政治界領導者們的不道德行爲似乎層出不窮。

看起來是「不凡領導者」的人，確實也助長了嚴重的不當行爲。

每當這樣的不當行爲和僞善公諸於世後，將「這人原本性格就有缺陷」這點當做舉證非常簡單。可以說他們一開始就是壞人，欠缺良心且無法分辨善惡也不爲過。

有時候這些指責的確是正確的。

確實有一些對於利用地位，壓榨、欺騙他人而不會感到良心苛責的反社會人士（反社會人格，人格上有所障礙，其行動以反社會型態表現出的人）。

即便如此，根據心理學研究指出，不道德行爲並不一定是先天個性造成的。

說到底，錯誤的判斷是心理因素與社會

要素組合而產生的結果。就算像我們這樣下定決心「遵守道德正確完成業務」的人，也很容易受到錯誤判斷的影響。

而若能養成意識到這樣的事實，對於抵抗違反道德觀與價值觀的誘惑將有所幫助。

思考方式的陷阱一：道德許可

當一個人做了一些好事，反而更容易陷入不道德的行動。

因爲覺得「自己以前都在遵守道德規範」，開始自認偶而有權利放縱，即使從事非道德行爲，但在自我許可下，沒有因自身做出非道德行爲而自責的一種心理現象，心理學家稱爲**道德許可**。

簡言之，是指因過去曾經做過正確行爲，因此在進行其他事件時，給予自己一種「許可」，開始自我放縱不願再下更好的判斷。

舉例來說，根據某項研究指出，當要求企業領導者們回想採取寬容決策的往事時，發現他們後續對於准許公司進行守法且必要的重要改革決定十分消極。在其他調查中，選擇對環境友善的人，在「金錢遊戲」要詐的可能性亦相當高。另外，這些人在籌募地方團體的基金時，虧空公款的可能性也相當高。

更驚人的是，「道德許可」這件事，在自認「自己很有道德感」的時候，特別容易發生。

英國倫敦商學院的研究學者曾對「世界五百強企業」中的四十九家上市企業執行長進行行爲分析。

研究發現，過去對於企業的社會責任有公認實績的執行長，之後發生醜聞而被舉發的機率相當高。在過去所採取的優良行動或卓越的評價中，被視爲「毫無疑問可以信任其德性」的人，都傾向對自己的行爲自律產生怠惰。

爲了不要掉進「道德許可」的陷阱中，思考自己的判斷是否「不受其他事物影響、是獨立自主的選擇」相當必要。畢竟沒有取得好判斷與壞判斷平衡的「標準」，且過去的優良事蹟也不會一筆勾銷未來的不道德行爲。

當你準備要做選擇時，若傾向不去在意這件事在道德上有什麼含意，只是一味認爲「自己品行端正」的話，就代表你已經掉入「道德許可」陷阱。

我總是不厭其煩地提醒學生們不管面對何種選擇，都要釐清道德重要性的「決策程序」。在這之中利害關係者爲誰？對他們來說什麼才是重要的？你的決定會帶給他們什麼樣的影響？

在下一個步驟中，我們將試圖思考因選擇不同，對於誰或什麼事會有所損害。我們不能一直規避損害或風險，但我們可以透過認識它們，防止你我不會偶然或不經意地陷入傷害他人的情況裡。

最後的步驟是思考對你來說最重要的道德價值爲何，影響你的決定的道德價值觀又是什麼？是「誠實」？還是「透明度」？或是「守護組織的未來」？不論你認爲最重要的是什麼，請確認你的判斷是否忠實呈現該價值觀。

科學研究也指出，事先想像下了錯誤判斷而被周遭知曉的「狼狽模樣」，可幫助自己做出正確判斷。

思考方式的陷阱二：意志力的枯竭與消耗

自制力容易耗盡。隨著疲累而消失的專注力也會讓我們很難發揮戰勝誘惑的意志力。從下午開始，人很容易變得暴躁、隨意花錢或暴飲暴食。

心理學家稱這個情況爲**意志力的枯竭與消耗**。最近也了解到這情況可適用於一個人是否根據道德而做選擇時。在精力耗弱的下午，做出「背德判斷」比例會增高。

根據美國哈佛大學倫理中心的研究，跟上午比起來，人類容易在下午較晚的時刻從事撒謊、欺瞞、竊盜等行爲。

平日爲人正直的員工，並不會單單因爲疲憊就突然決定盜用公款，倒是會因爲意志力的枯竭與消耗，而企圖隱瞞自己的錯誤、偷懶，和撒一些小謊。

爲了避免落入這個陷阱，我們該如何應對？

這方法與疲累時避免意志力衰竭一樣，就是**預先訂下自己的原則**。

如此一來，你的決策標準就不會隨著一天的時間帶而改變，也不會因爲你前一晚睡了幾個小時而有所變化。根據研究指出，如果人處在不得不事先訂下原則的情況之下，就不會被其他妨礙下正確判斷的因素所影響。

我身爲教授爲自己訂下的原則是「公正第一」。舉例來說，我曾經因爲出了有些艱深的試題，當時猶豫是要重打成績，還是要給晚交作業的學生懲罰時，我便把「公正第一」當成做決定的標準。

因爲心中有了這個大原則，所以就算很不想應付有所不滿的學生，或是因要重打成績而感到時間壓力，我也不會隨便選擇輕鬆敷衍的方式來處理。

思考方式的陷阱三：權力使人減少共鳴

研究結果發現，**人在擁有決策的權限時，就不易與他人產生共鳴**。

根據神經學家指出，讓腦產生共鳴的細胞單元是鏡像神經元，也就是幫助理解他人思考和感受的神經細胞。當人位居高位時，權力會在短時間內對神經細胞造成損害。

位居高位的人，在對他人情感的認知能力上表現較不佳。同樣地，對於地位較低的人正面對困難時也不會產生同情，更沒有想要出手幫助的想法。

這種「共鳴感缺乏」，有時會讓人有意地去做符合道德倫理的選擇，不過也有可能出現不顧自己對他人的影響，因而危及身邊人的情形。舉例來說，身居經理職位的人可能並不知道自己的團隊正面臨什麼樣的壓力，卻在不經意中因爲對團隊提出批評，降低團隊幹勁和表現。

擁有權力的人也增長了挖苦的行動和舉止，且會助長不道德的行爲。研究顯示隨著自身地位的提升，會加深「身邊的人都以我爲中心在行動」這種想法。

還有一個原因是，擁有權力的人容易成爲戴高帽、行賄受賄、背叛等各種形式的「社會操控」目標對象。

位居高位的人由於感受到周遭因嫉妒而想增加接近自己的機會，所以更難信任他人。

研究也指出，位居高位後容易採取挖苦的行動舉止，或是無法以尊敬關係爲出發點下判斷，也失去了能從事「大善行」的機會。

如果你已經身處高位，想有意地感受共鳴就必須透過訓練。請向會因你的判斷受到影響的人尋求意見回饋；試著提升「傾聽的技術」，包含有人找你搭話時聚精會神地聆聽這種簡單技巧。比如說，爲了確認你已經理解他們所言，你可以試著提問。

另外，請找出判斷自己是否會做出挖苦的行動或舉止的方法。特別是隨著地位高升、權限也跟著變大，卻感到被周遭孤立時，你更要這麼做。還有，練習有意地對他人的做爲給予一些評價也非常有用。

不要因爲他人對你奉承恭維，試圖「操控」你而選擇孤立主義，請試著找出對團隊或組織來說眞正有貢獻的人，透過感謝、發現那些人，可幫助你減少擺出挖苦態度，以及做出背德判斷的可能性。他們將會成爲令你變得更好的支柱。

思考方式的陷阱四：認爲發覺錯誤前都能修正

關於最近分析的美國國內企業不當行爲，美國證券交易委員會搜查的企業中，發生不當行爲案件的七五%都是因爲訂定不切實際的「高利潤預測」計畫。

究竟樂觀主義會如何發展成不當行爲？當樂觀性預測與現實相去甚遠，企業會想方設法拯救收益，並且暗自祈禱後期收益會緊追直上。這就是從「樂觀主義」轉變爲「詐欺行爲」的「滑坡謬誤」，這種思考方式會變成職場中不當行爲的起因和溫床。

因爲太害怕承認錯誤，也害怕沒有獲得如預期般的成果，所以比起修正問題，反而傾向尋找隱蔽眞實的方法。比起自我改進，更偏重把保全自我放在第一位，這點才是促使「在其他方面是十分優秀的員工」做出惡劣行動的主因。

爲了避免滑坡謬誤發生，如果你察覺自己犯了錯，就請馬上採取修正錯誤的行動。如果被捲進想隱瞞錯誤或壞消息的誘惑裡，請務必牢記「某一天眞相一定會被公布」這件事，所以你眞正該思考的是「如何將眞相公諸於衆」。

如果身爲領導者，請營造從失敗中學習的優質文化。如果你們是能夠從失敗中學習的組織，就會懂得分析失敗原因，也會實施規勸他人以開放態度面對變化的方針。

舉例來說，在美軍內部，會在重要任務後強制執行「行動後回顧」這種自我檢討方式。這種任務後的報告大會，會專注在四個問題上：**從問題點的何處下手？實際上發生了什麼？原因爲何？下一次應該怎麼做**？

這種「無責難報告」因爲不會有任何責罰，所以可以誠實對錯誤做出告解。多虧這樣的方針，許多醫院承認醫療疏失，也致力防止將來重蹈覆轍，對組織改善也有一定幫助。領導者如果懂得聰明地處理錯誤與失敗，也會減少不當行爲，營造透明公開的環境。

其實多數做了壞事的人，在初期都是想著要做好事的。本課介紹的幾個方法，能有效避免領導者掉入共通的「心理陷阱」中。藉由了解「其他人也曾這樣落入陷阱」這個事實，能幫助我們制定預防方針，並做出正確選擇。

第二十四課・重點整理

❶ 一個人先做了「符合道德的選擇」後，反而更容易做出不道德的選擇。這種情況被稱為「道德許可」。

❷ 疲勞累積會使意志力減弱，並容易小謊不斷。

❸ 一個人出人頭地或升官時，對他人的同理心會減低。當某人擁有決策權限時，對他人不易抱持同情，也容易採取不道德的行動。

具體行動

・如果晉升到比現在更高的位置，務必訓練自己能與他人產生共鳴。

・試著從會受到自己的決定影響的人當中，接受意見回饋。

❹不要認為發覺錯誤前都能做修正。

具體行動

・如果察覺自己犯了錯，就馬上採取修正錯誤的行動。

・如果擔任領導者，請營造出從失敗學習的優質文化。

LESSON 25
意見回饋的學問

—

我的工作是幫助那些人察覺自己的所作所爲，
並在成長路上助他們一臂之力。

—

我此生致力的工作之一，就是「給予回饋」。

不論是第一次在教室講授基礎心理學的碩士生，還是其他教授同僚，我都會抽出時間觀察他們，給他們我的意見回饋。

剛開始我發現不論我回饋了什麼，大多數人內心都會感到不安這件事。

有時嚴重到我明明什麼話都還沒說，有人就開始哭泣。

那些人被「我可能不是一個好老師」這種不安和恐慌籠罩，並擅自想像我會對他們的成績給予嚴格評價，害怕這種想像是不是眞的會成眞。

我當指導教授時曾經指導過一位女性，當我對她提了一個完全沒有惡意的提問時，她突然放聲大哭起來。

這是我職涯中糟糕的經驗之一，我差點以爲她的反應是在對我說：「你沒有當老師的資質。」

最剛開始進行回饋的幾年，我學到許多。其中最重要的「領悟」是，**如果你是身爲給予他人回饋的立場，就代表你擁有了「權力」，而不濫用這個權力是非常重要的。**

給回饋時，不濫用權力

接受回饋的人同時也容易因回饋而受到傷害。抗拒回饋的人（馬上爲自己找藉口、將失敗推給他人），只是不想讓「自我形象」受到傷害、想要保護自己而已。不論是對哪種類型的人，毫不客氣、嚴格批評的回饋都沒有太大幫助。

不論什麼樣的批評，都該成爲學習與成長的契機，我們應該用這種形式給予「回饋」才對。

根據過往經驗，我學到正確回饋的方法。

無論是管理業務部門員工的年度業績評鑑、與同事共同進行的專案報告大會，還是擔任導師的授課評價，對以上各種情況，回饋的做法都不會變。我們可以將「如何做才能改善」牢記於心，貼近觀察每個人並給予回饋。藉由這個「過程」，使接收回饋的對象能夠接納肯定和否定的回饋，並且讓他們了解這個回饋對他們的目標而言有什麼意義，而非我的目標。

給予「回饋」的流程

①**首先，問清楚對方的目標爲何**

「這個專案的目的是什麼？」「這個會議中最想達成的部分爲何？」「你想做出什麼樣的貢獻？」透過這些提問，彼此的注意力將不會聚焦在個人評價上，而是轉向任務或願景上。在這個情況下，接受回饋者會因爲心態保持「開放」，而不論評價是肯定或否定，都能好好地接納。

②**接下來，以回顧方式討論他們的經驗**（**內容與表現無關**）

我也許會用以下方式來詢問他們。「在這個專案（或授課、會議）中，你覺得什麼事情最特別？」「這個經驗或過程對你來說是什麼樣的體驗？」「有特別讓你感到驚訝的事嗎？」用這樣的方式詢問並不是爲了馬上稱讚或批評他們，而是爲了回顧實際的經驗。

③在這之後，詢問曾令他們心情愉快的經驗

「你達成了什麼嗎？」「在自己的表現中，有特別感到滿意的部分嗎？」「在這個過程或自己的行動與貢獻中，哪個階段讓你想稱讚自己呢？」我也會詢問這些人如果發現了自己認可的「眞功夫」後，支持他們爲此做出貢獻的又是什麼？「你思考了什麼？又專心在什麼事上呢？」「你是否積極承擔風險並挑戰新事物？」「其他人是否給你幫助？」

如此請他們回顧自身經驗後，我會選擇至少一項表現來評價。可能的話，我會將自己的觀察及意見，與他們自己表示的目標做連結。我會轉告我所發現的事，也會告訴他們我認爲他們的優點及努力。在這個過程中並不是單單只有「讓他們面對回饋前感到心情愉快」，而是他們能藉由看見「最棒的自己」，來提高達成目標及表現的機會。

④在此階段，第一次詢問對方是否有感到失望的事

「自己的表現是否沒有符合預期？」「回想過去經驗，是不是有失敗的情況？」依照我的經驗，大多數人總會在提問中發現需要著手的「有趣議題」。實際上，至今和我一起工作的多數人，只要發問後放手讓他們自由回答的話，就會開始自我批評。幾乎所有被認可的人都會提出一些值得我再去深問的事，而這些事對他們來說都是一種「成長來源」。那件事可能不是我原本預想的批評內容，不過大多都透過其他形式與我原本在意的點相通。而且這個批評是從聚焦於對方的目標和自我觀察的對話中產生的，比起至今所有從「感到羞恥的批評」中出現的想法，更能感受到是從自我覺察中所孕育出的見識、洞察。

如果對話中沒有出現我最在意的部分的話，我會跟直接問對方我察覺到的細節，因爲這部分才是值得關注的重點。比如說，如果我覺得「對方在專題發表時沒有充分準備」，而本人在對話中沒有提到此事時，我會詢問他準備的過程，提出「在準備過程中，有沒有覺得可以更完善的部分？」等問題。

爲了準備這樣的討論，我會和他們分享自己會怎麼做，也會說明這個方法不能夠幫助他們。最重要的是，這樣的討論並沒有正確解答，所以並不是單純斥責他們，也不是教他們應該要如何做。只是想讓他們了解沒有辦法完整發揮實力的原因是什麼？若想致力於改善工作時，最重要的事物爲何？這樣一來，接受回饋者就能敞開心胸聽取回饋。

⑤ 以不下結論的對話，總結回饋流程

偶爾回饋的討論會發展成輕鬆的閒聊或此人將來的目標。這時，我會留心透過「共同合作」「能建構信任關係的形式」「樂觀」等建言方式，來傳達稍具批評式的回饋。我相信只要相互有信任關係，連否定的批評，也能透過對話氣氛傳達。

剛開始當我將這個回饋過程與人分享時，不少人都抱著懷疑態度。他們認爲：接受回饋者是否能夠誠實地反省自己？

也許各位更想問，遵循這樣的流程是不是太過浪費時間？爲什麼不直接告訴受回饋者做錯什麼就好？

以短期來看，不費心的回饋對我來說的確比較輕鬆。但依照我的經驗，如果以長遠來看，想要眞正幫助某人改變或成長的話，這種一邊反省一邊評價的「對話回饋」比較有效果。當我成功說服同事嘗試這個方法時，他們大多又驚又喜。史丹佛大學某位教授最近跟我說：「我已經沒辦法再用以前的回饋做法了。」

自從採取這個回饋方法後，我眞的獲益良多。這個方法使我們不得不用其他觀點來審視評價對象。我們看評價對象並不是將其認爲「我須矯正，並且使其完美的對象」，而是「每個人都擁有不同目標，也有不同長處，並且擁有自己所不知道的潛力」。我的工作是幫助那些人察覺自己的所作所爲，並在成長路上助他們一臂之力。

最令我欣慰的是，最近再也沒有發生讓對方感到恐懼或失望，或讓誰哭泣的情事了。而且當我認眞完成我的工作之後，還有人因此流下感動的淚水。

第二十五課．重點整理

❶ 首先詢問對方的目標是什麼。透過這樣的提問，注意力將不會放在個人的評價上，而是轉為對方的任務或願景上。

具體提問

- 這個專案的目的為何？
- 最想達成的目標是什麼？
- 想做出何種貢獻？

❷ 接下來，以回顧方式討論對方的經驗。用上述方式詢問並不是為了馬上稱讚或批評，而是為了回顧實際經驗。

具體提問

・在這個專案（或授課、會議）中哪件事最令你印象深刻？
・這個經驗或過程對受回饋者來說是何種體驗？
・有特別感到驚訝的事嗎？

❸接下來詢問「使其心情愉快的經驗」。至少評價一個受回饋者的表現。藉由看見「最棒的自己」，提高達成目標及表現的機會。

具體提問

・達成了哪些事項？
・在自己的表現中，有特別感到滿意的部分嗎？
・在這個過程或自己的行動與貢獻中，哪個階段讓你想稱讚自己呢？
・你思考了哪些？又專心在什麼事上呢？
・你是否有積極背負風險並挑戰新事物呢？
・其他人是否給予你幫助？

❹ 詢問對方是否有感到失望的事。大多數人總會在提問中發現需要著手的「有趣議題」。

具體提問

· 自己的表現是不是未符合預期?
· 回想過去經驗,是否有失敗的狀況?

❺ 以不下結論的對話,總結此(回饋的)流程。

國家圖書館出版品預行編目資料

史丹佛大學心理學講義，人生順利的簡單法則／
凱莉・麥高尼格（Kelly McGonigal）著；高宜汝 譯.
-- 初版. -- 臺北市：先覺，2017.12
256面；14.8×20.8 公分. --（商戰系列；172）
ISBN 978-986-134-311-2（平裝）
1.自我實現 2.成功法

177.2 106018641

Eurasian Publishing Group 圓神出版事業機構 用心與你對話・視野無限寬廣
先覺出版社 Prophet Press

www.booklife.com.tw reader@mail.eurasian.com.tw

商戰 172

史丹佛大學心理學講義，人生順利的簡單法則

作　　者／凱莉・麥高尼格（Kelly McGonigal）
譯　　者／高宜汝
發 行 人／簡志忠
出 版 者／先覺出版股份有限公司
地　　址／台北市南京東路四段50號6樓之1
電　　話／（02）2579-6600・2579-8800・2570-3939
傳　　真／（02）2579-0338・2577-3220・2570-3636
總 編 輯／陳秋月
主　　編／簡　瑜
責任編輯／許訓彰
校　　對／許訓彰、莊淑涵
美術編輯／林韋伶
行銷企畫／陳姵蒨、范綱鈞、徐緯程
印務統籌／劉鳳剛、高榮祥
監　　印／高榮祥
排　　版／陳采淇
經 銷 商／叩應股份有限公司
郵撥帳號／18707239
法律顧問／圓神出版事業機構法律顧問　蕭雄淋律師
印　　刷／祥峯印刷廠
2017年12月　初版
2023年4月　13刷

STANFORD NO SHINRIGAKU KOGI JINSEI GA UMAKUIKU SIMPLE NA RULE
written by Kelly McGonigal Ph.D.

Originally published in Japan by Nikkei Business Publications, Inc.
Traditional Chinese translation published by Prophet Press, an imprint of Eurasian Publishing Group
Traditional Chinese translation rights arranged with Nikkei Business Publications, Inc. through Tuttle-Mori Agency, Inc., Tokyo and Bardon Chinese Media Agency, Taiwan.

定價 300 元　ISBN 978-986-134-311-2